» Liebe Leserin, lieber Leser,

dürfen wir »du« sagen?

Ein wenig fühlt sich das hier schließlich an wie eine »eingeschworene Gemeinschaft«: eine Gemeinschaft derer, die gerne in Landkarten schauen. Die sich darin verlieren können, weil in jedem Kartenausschnitt, egal, wie bekannt oder unbekannt, wie grob oder detailliert, immer etwas Neues aufzustöbern ist. Falls du dieses wunderbare Gefühl noch nicht kennst, entdecke es mit uns!

Wir möchten auf den folgenden Seiten in mehr als 40 Landkartenrätselreisen neben bekannten Größen auch Städte und Regionen abseits geläufiger Wege zeigen, die viel Spannendes und manch Kurioses erzählen. Es geht an Flüsse und auf Inseln, an ehemalige und heutige Grenzen. An Orte der Mobilitäts- und Industriegeschichte, der Kunst und Architektur sowie der Natur. Nicht alles, aber vieles lässt sich aus den Karten selbst ablesen, oft ist es dabei nur etwas versteckt.

So laden wir ein, der Freude am Umgang mit Karten nachzuspüren. Es ist gleichzeitig eine Einladung, vielleicht selbst bald die Tasche zu packen, ein Zugticket zu kaufen und sich auf den Weg zu machen, um den einen oder anderen im Buch erwähnten Ort zu besuchen.

Und nun viel Freude beim Rätseln und bei den Augenreisen!

Nadine Ormo & Michael Laufersweiler

》Inhalt

die
#Fragen

» Landkarten-Rätselreise

Jetzt geht's los!

In 44 Augenreisen führen wir dich an unterschiedlichste Orte Deutschlands. Eine kurze Geschichte lässt dich eintauchen in die jeweilige Stadt oder Region. Auf der darauffolgenden Doppelseite findest du einen Kartenausschnitt und eine Reihe von Fragen zur Karte. »Ankommen« kannst du mit den einfachsten dieser Rätsel. Um sie zu beantworten, genügt ein erster, kurzer Blick in die Karte, oft werden Dinge ausgezählt. »Aufwärmen« heißt es mit den nächsten Fragen, bei denen man immer wieder mal eine Position in der Karte einnimmt, sich am besten in die Situation vor Ort hineinversetzt und so zur Lösung kommt. Geht es ans »Durchstarten«, so ist manchmal ein Um-die-Ecke-denken gefragt, ein Achten auf Details im Text oder es ist auch schon mal ein Lineal anzulegen.

Die Lösungen findest du im hinteren Teil des Buches, ab Seite 182.

⟫ angestiegen

Wellenbrecher im Wattenmeer

Die Nordseeküste Schleswig-Holsteins, so wie wir sie heute kennen, ist nur eine Momentaufnahme in einem bereits über viele Jahrhunderte hinweg andauernden Ringen um Land zwischen Mensch und Meer. Den kleinen Landflecken im Wattenmeer ist gemeinsam, dass sie sowohl Lebensraum für Hunderte Menschen bieten als auch eine Wellenbrecherfunktion bei Sturmfluten für den östlich gelegenen Küstenbereich besitzen.

Die Art, wie sie dabei selbst mit extremem Wind und hohen Wassermassen umgehen, unterscheidet sie allerdings deutlich voneinander. Während Pellworm und Föhr zu den Inseln des Wattenmeeres zählen, weil sie von Deichen vor Überflutung geschützt sind, stellen die Bewohner der Halligen wie Hooge, Langeneß oder Oland lediglich ihre Wohnhäuser in kleinen Gruppen auf Erdhügel, sogenannte Warften, und überlassen das umliegende Land bei Sturmfluten mehrmals im Jahr der Nordsee. Zieht sich diese danach wieder davon zurück, hinterlässt sie eine dünne Schicht von Sedimenten und trägt so dazu bei, dass die Hallig allmählich nach »oben wächst«. Auf Hooge beträgt dieses jährliche Wachstum etwa einen Millimeter, was dem Meeresspiegelanstieg früherer Zeiten entspricht. Satellitenmessungen registrieren jedoch seit circa 25 Jahren einen Anstieg der Meeresoberfläche von bis zu drei Millimetern pro Jahr. Sollte wahr werden, was Forscher vorhersagen, nämlich dass durch den Klimawandel Teile des Grönländischen Eisschildes abschmelzen, wird sich das bisherige Gleichgewicht deutlich verändern und sowohl den Küstenschutz als auch die im Wattenmeer lebenden Menschen vor enorme Herausforderungen stellen.

54° 34' 42''N 08° 33' 25''O

Hallig Habel, kleinste der Halligen im Wattenmeer.

>> Fragen

ANKOMMEN

1   Welchen Schutzstatus hat das Schleswig-Holsteinische Wattenmeer?
2   Wie heißt der Hafen, von dem aus Fähren zur Insel Föhr (sowie zur Insel Amrum) ablegen?
3   Welche weitere Hallig ist auf der Karte außer Hooge, Nordmarsch-Langeneß, Oland und Gröde in ihrer vollen Ausdehnung noch zu sehen?

AUFWÄRMEN

4   Ein Ort an der Küste trägt den Beinamen »Hafen zur Halligwelt«, weil von hier aus per Fähre regelmäßig vier der bewohnten Halligen mit Lebensmitteln und Touristen versorgt werden. Welcher Ort ist gesucht?
5   Über welches zusätzliche Transportmittel sind zwei der Halligen zu erreichen?
6   Wie heißt das Museum auf der Hallig Nordmarsch-Langeneß, das in einem original erhaltenen Hallighaus gelegen ist und das Halligleben vor 250 Jahren dokumentiert?

DURCHSTARTEN

7   Welchen pfiffigen Namen trägt das Freizeitbad auf der Insel Pellworm?
8   Welche maximale Höhe verzeichnet die Insel Pellworm im zentralen Bereich?
9   Etwas Gehirnjogging gefällig? Was fällt deutlich auf, wenn man den Ausschnitt der Insel Föhr auf der Karte betrachtet? Was könnte der Grund dafür sein, wenn man an die Landschaftsformen Norddeutschlands aus dem Geografie-Unterricht in der Schule denkt?

» abgeschirmt

Schutzgebiete in der Nordsee

Das Wattenmeer an der Nordseeküste ist eines der beliebtesten Reiseziele in Deutschland und zieht dank seiner einzigartigen Natur jedes Jahr Millionen Touristen an. Es gehört zu einem der am strengsten geschützten Naturräume des Landes und das in sehr vielfältiger Weise. So wurde es zum Nationalpark erklärt und zugleich als Biosphärenreservat ausgewiesen, in dem eine nachhaltige, ausgewogene Beziehung zwischen Mensch und Umwelt angestrebt wird. Gemäß der Fauna-Flora-Habitat-Richtlinie der Europäischen Union ist es zudem als Natura2000-Fläche anerkannt, mit dem besonderen Augenmerk auf die biologische Vielfalt und den Schutz der hier Rast machenden Zugvögel. Das weltweit angelegte Programm Convention of Wetlands zum Schutz von Feuchtgebieten hat es darüber hinaus zum Ramsar-Gebiet erklärt. Und zu guter Letzt verlieh die UNESCO dem Wattenmeer 2009 noch den Titel Weltnaturerbe.

Bezieht man die Flächen der angrenzenden Nachbarländer mit ein, so zieht sich das gesamte Watt der Nordsee entlang einer 500 Kilometer langen Strecke vom niederländischen Den Helder bis ins dänische Esbjerg. Eine größere zusammenhängende Wattfläche gibt es nirgendwo sonst auf der Welt.

All dies unterstreicht die ökologische Einzigartigkeit dieser weiten Schlick- und Sandflächen, die aufgrund der durch die Anziehungskraft von Sonne und Mond ausgelösten Gezeiten zweimal täglich für mehrere Stunden mit Meerwasser überflutet wird.

53° 37' 33"N 07° 09' 32"O

Zieht sich das Meer zurück, ist Zeit für einen Spaziergang im Wattenmeer.

$\gg$ Fragen

ANKOMMEN

1. Welche beiden Ostfriesischen Inseln sind in Teilen auf diesem Kartenausschnitt abgebildet?
2. Welche touristische Ausflugsstraße führt von Nordwesten nach Norden und von Norden in Richtung Südwesten?
3. Wie viele Camping- und wie viele Flugplätze sind auf diesem Kartenausschnitt verzeichnet?

AUFWÄRMEN

4. Wie heißt der Hafen, der eine ständige Schiffsverbindung auf die beiden nördlich gelegenen Ostfriesischen Inseln anbietet?
5. Angenommen, man besteigt im Kölner Hauptbahnhof den entsprechenden Zug. Welche der beiden abgebildeten Ostfriesischen Inseln ist bequem mit der Eisenbahn zu erreichen, ohne unterwegs zusätzlich Bus, Taxi oder Pkw nehmen zu müssen?
6. Wattflächen, die täglich regelmäßig trockenfallen, sind auf der Karte mit einem hellen grünblauen Farbton gekennzeichnet. Dazwischen befinden sich hellblaue Rinnen und Vertiefungen, die in der Regel ständig mit Wasser gefüllt bleiben. Wie viele davon tragen im Namen den Zusatz »gat«?

DURCHSTARTEN

7. Welche der beiden Ostfriesischen Inseln ist beim Blick auf die Karte offensichtlich nur bei Flut mit der Fähre zu erreichen?
8. Welchen Ort sollte man aufsuchen, wenn man wissen möchte, welche Wale es in der Nordsee gibt?
9. Nordwestlich von Greetsiel ist unmittelbar an der Meeresküste ein großer, seiner Form nach offensichtlich künstlich angelegter See zu sehen. Welche Funktion hat er neben der eines Schutzgebietes für die Natur?

≫ umschritten

Im Bremer Bürgerpark

Das ist einmalig in Deutschland: Nicht nur, dass diese grüne Oase mit ihren verschlungenen Wegen von Beginn an als öffentlicher Bürgerpark gedacht war; sie ist auch allein durch Spenden finanziert. Seit jeher bringt der Bremer Stadtrat ein festes Budget auf, um den Park instand zu halten.

»Für Herr und Gesind', Mann, Weib und Kind, zu Nutz und Freud', für alle Zeit«, ließ das Gründungsmotto der 1866 eingeweihten Grünanlage verlautbaren – und in diesem Sinne gilt es bis heute.

Im gemeinschaftlichen Eigentum der in der Hansestadt Lebenden ist das Land, auf dem sich der heutige Bürgerpark befindet, schon lange: 1159 bescheinigte Erzbischof Hartwig I. den Bremern den Besitz der Bürgerweide, womit die eigentliche Nutzung als Allmendefläche begann. Bis zu 1000 Kühe weideten hier einst.

Doch die Geschichte wäre unvollständig, würde nicht Gräfin Emma von Lesum erwähnt. Der Legende nach war sie außergewöhnlich mildtätig und fromm und soll den Bremern schon 1032 die besagte Weide gestiftet haben: Als sie eines Tages mit ihrem Schwager Herzog Benno von Sachsen durch die Stadt ritt, nutzten einige Abgesandte der Bürgerschaft die günstige Gelegenheit, um ihr von dem Mangel an Weideland zu berichten. Daraufhin gewährte Emma von Lesum ihnen genau jene Fläche, die ein Mann von Sonnenaufgang bis -untergang umschreiten könne. Obgleich Benno, bang um sein Erbe, das Vorhaben noch durchkreuzen wollte, gehörte den Bremern am Ende das ersehnte Land. Heute gedenkt man der Gräfin in Bremen an vielen Stellen.

Wiegandbrücke im Bremer Stadtpark.

»Fragen

ANKOMMEN

1 Wie viele Seen gibt es im Bremer Bürgerpark?

2 Ist es möglich, auf dem Wasser vom Emmasee zum Meiereisee zu gelangen?

3 Welches Gebäude im Park lässt allein durch seinen Namen schon die frühere Nutzung des Areals als Kuhweide erahnen?

AUFWÄRMEN

4 Im Osten begrenzte die heutige Parkallee die einstige Bürgerweide. Welcher Weg begrenzte sie im Westen jenseits des Kanals?

5 Bleiben wir nochmals bei derart erzählenden Straßennamen: Die Bürgerweide lag lange Zeit vor den Toren der Stadt. Über welchen Weg trieben die in der Altstadt ansässigen Landwirte im Mittelalter wohl ihr Tiere auf die Weide?

6 Gelangt man ohne umzusteigen zur Haltestelle Daniel-von-Büren-Straße, wenn man die Straßenbahn vom Bürgerpark nimmt?

DURCHSTARTEN

7 Wohin möchten kulturell interessierte Gäste möglicherweise gehen, wenn sie in der Nähe des Stadtgrabens nach dem Grünenweg fragen?

8 Nach dem Musical soll es mit dem Zug ab Hauptbahnhof nach Hause gehen. Dieser fährt 20 Minuten nach Vorstellungsende. Ist das zu Fuß zu schaffen?

》angebaut

Häfen in Wilhelmshaven

Der JadeWeserPort ist der einzige tidenunabhängige Tiefseewasserhafen Deutschlands. Über die natürliche Tiefenfahrrinne der Jade können hier seit der Eröffnung im Jahre 2012 auch die derzeit größten Containerschiffe der Welt mit Platz für bis zu 24 000 Standardcontainern jederzeit unabhängig von Ebbe und Flut voll beladen am Kai festmachen.

Zur Errichtung des Terminals wurde in der Jade eine Fläche von circa 260 Hektar mit Sand aufgespült und durch Randdämme gegen Sturmfluten gesichert, was ganz nebenbei die terrestrische Landesfläche der Bundesrepublik Deutschland um 0,0007 Prozent vergrößerte.

Bereits in den 1990er-Jahren hatte sich abgezeichnet, dass die Containerschiffe der Zukunft eine größere Ladekapazität und damit auch einen größeren Tiefgang besitzen würden. Die drei umschlagsstärksten deutschen Nordseehäfen Hamburg, Bremerhaven und Wilhelmshaven fürchteten um ihre Erreichbarkeit für solche Schiffe, weswegen sich die drei Bundesländer Niedersachsen, Bremen und Hamburg dazu entschlossen, gemeinsam einen neuen Tiefseehafen zu errichten. 2012 stieg Hamburg jedoch aus dem Projekt JadeWeserPort wieder aus und plant seitdem, seinen eigenen Hafen zukünftig durch eine erneute Vertiefung der Elbe zugänglich zu halten.

Dieser Schritt hat den wirtschaftlichen Erfolg des JadeWeserPort zunächst etwas gebremst, aber Analysten sind sich einig, dass in absehbarer Zukunft hier das Drehkreuz Deutschlands für die Abfertigung der größten Containerschiffe der Welt entstehen wird.

53° 34′ 57″N 08° 09′ 25″O

Klein und Groß in Wilhelmsnaven.

#》 Fragen

ANKOMMEN

1 Welcher Nationalpark reicht ganz dicht an Wilhelmshaven heran?

2 Wohin würde man sich sinnvollerweise begeben, wenn man mehr über den JadeWeserPort erfahren und ihn sich auch einmal persönlich anschauen wollte?

3 Wie oft ist das Wort Watt auf dieser Karte eingetragen?

AUFWÄRMEN

4 Zu welcher Station gelangt man, wenn man vom Wilhelmshavener Hauptbahnhof aus eine Station mit dem Nahverkehrszug reist?

5 Wie viele weitere Häfen gibt's abgesehen vom JadeWeserPort im Bereich der Stadt Wilhelmshaven?

6 Wie viele Windmühlen und wie viele Windräder sind auf der Karte eingetragen?

7 Welche Sehenswürdigkeiten würden sich anbieten für Liebhaber edler Blumen und für Menschen, die gerne Gänsehaut verspüren?

DURCHSTARTEN

8 Was unterscheidet beim näheren Hinsehen grundsätzlich den Nordhafen vom Marinehafen?

9 Zu welchem Hafen ganz anderer Art gelangt man, wenn man dem Namen JadeWeserPort nur drei Buchstaben hinzufügt?

10 In der Natur befinden sich die beiden Leuchttürme Arngast und Hooksielplate etwa 20 Kilometer Luftlinie voneinander entfernt. Welchen Maßstab besitzt damit dieser Kartenausschnitt?

⟫ angelandet

Hamburgs Tor zur Welt

Das »Tor zur Welt«, wie man den Hamburger Hafen auch nennt, ist seit jeher der Motor der wirtschaftlichen und städtebaulichen Entwicklung Hamburgs und begeistert Besucher unter anderem mit seiner Speicherstadt und der Elbphilharmonie.

Im Laufe der Geschichte sicherte sich Hamburg zahlreiche Handelsprivilegien, etwa das Stapelrecht oder den zollfreien Zugang über die Elbe zur Nordsee. Seinen ersten großen Aufschwung erlebte es im 14. Jahrhundert, als es dem Handelsbund der Hanse beitrat. Dass es schließlich die mit ihm um Einfluss konkurrierenden Städte des Ostseeraumes wie Lübeck, Wismar oder Rostock in seiner Bedeutung weit hinter sich ließ, hat Hamburg seiner geografischen Lage zu verdanken. Nach der Entdeckung Amerikas 1492 entwickelte sich in den folgenden Jahrhunderten der interkontinentale Seehandel. Dieser erforderte große, möglichst zentral und leicht zu erreichende Häfen. Hamburg hatte da eindeutig Vorteile, denn es besaß genügend Platz für Erweiterungen. Um in den Ostseeraum zu gelangen, mussten die Schiffe damals zudem einen zeitraubenden Umweg um die Nordspitze Dänemarks machen. Aber noch etwas stärkte Hamburg. 1881 bekam es die Erlaubnis, einen Freihafen anzulegen. Man erbaute darin die heute unter Denkmalschutz stehende Speicherstadt, in der eingekaufte Waren zollfrei, also ohne Abgaben von Steuern eingelagert, veredelt und anschließend weiter verschifft werden konnten. Dieses Gebiet wandelt sich heute erneut und ist Teil des Stadtentwicklungsprojektes HafenCity bei dem bis 2025 ein neuer Stadtteil zum Wohnen und Arbeiten im maritimen Flair entsteht.

53° 31' 19''N 09° 56' 17''O

HafenCity mit Elbphilharmonie.

» Fragen

ANKOMMEN

1 Der Flughafen Hamburg Fuhlsbüttel, seit 1945 auch Hamburg Airport genannt, ehrt mit einem Namenszusatz welchen deutschen Politiker?

2 Wie heißt der Friedhof, auf dem dieser Politiker 2015 nur etwa drei Kilometer vom Hamburg Airport entfernt seine letzte Ruhe fand?

3 Abgesehen vom Hamburg Airport: Wo könnte rein theoretisch ein Passagierflugzeug in Hamburg auch landen?

AUFWÄRMEN

4 Wo ist auf der Karte ein Elefant versteckt?

5 Welcher Naturpark ist auf der Karte eingetragen?

6 Ist der Hülsenberg mit seinen 155 Metern der höchste Berg Hamburgs?

DURCHSTARTEN

7 Die Elbe ist in ihrem Verlauf vom Hamburger Hafen bis zur Mündung in die Nordsee von dem Wechsel zwischen Ebbe und Flut beeinflusst. Deswegen können bei Flut auch große Containerschiffe den Hafen erreichen. Wie viele Container Terminals sind auf der Karte eingezeichnet?

8 Auf dem größten Teil ihres Weges durch Hamburg teilt sich die Elbe in zwei Arme. Wie werden sie genannt, und wo finden sie wieder zueinander?

9 Was ist der Grund dafür, dass die Süderelbe unterhalb der gleichnamigen Brücke Köhlbrand heißt?

» ausgeflogen

Bei den Bienen der Lüneburger Heide

Heidehonig. Das flüssige Gold. Nicht wenige schwärmen davon; doch ohne Weiteres zu bekommen ist er nicht. Denn echter Heidehonig ist es nur, wenn die Bienen Pollen der Besenheide gesammelt haben.

Die Besenheide ist gewissermaßen die stille Schillernde unter den Kräutern und besticht mit Farbgebungen von Weiß über Hell- und Dunkellila bis hin zu Kupfer- und Karminrot. Wissenschaftlich Calluna vulgaris genannt, gehört sie zur Familie der Heidekrautgewächse. Bis zum Beginn des 19. Jahrhunderts bedeckte sie große Teile Norddeutschlands. Heute ist die Lüneburger Heide hierzulande die einzige Region, in welcher der kleine, robuste Strauch noch großflächig vorkommt.

Die Heideimkerei hat in der Gegend eine lange Tradition. Vor allem im Mittelalter war der Heidehonig sehr gefragt, denn dies war das einzige Süßungsmittel, das es gab. Traditionell verwendet wurden in der Heideimkerei handgeflochtene Strohkörbe, in denen die Bienenvölker lebten.

Im August und September, wenn sich die Heideflächen verfärben und die Blüte in voller Pracht steht, schwärmen die Bienen aus und sammeln den Nektar. Ohne einen anderen Heidebewohner ginge dabei nicht viel: Heidschnucken. Durchwandern sie die Heide, zerreißen sie die feinen, aber festen Spinnennetze auf den Pflanzen, in denen sich die Bienen sonst allzu leicht verfingen. Für ein Glas mit 250 Gramm Heidegold fliegen die Arbeitsbienen 20 000-mal aus; etwa eine Million Blüten steuern sie dabei an.

Mella fluant tibi. – Möge der Honig (noch lange) fließen!

53° 10′ 04″N 09° 56′ 23″O

Bienenstock in der Lüneburger Heide.

≫ Fragen

ANKOMMEN

1 In dem Kartenausschnitt findet sich die höchste Erhebung der Lüneburger Heide. Wie ist der Name?

2 Wie viele Campingplätze sind in dem zentralen Schutzgebiet eingezeichnet, das in der Karte als Naturschutzpark Lüneburger Heide benannt ist?

3 In wie viele Richtungen lässt es sich mit dem Zug aus Soltau fahren?

AUFWÄRMEN

4 An welcher »Moor-Haltestelle« kann man aus dem Zug steigen, um auf besonders kurzem Weg in den Naturschutzpark Lüneburger Heide zu gelangen?

5 Welcher andere Naturplatz nahe dem in Frage 1 gesuchten Ort gilt als besonders sehenswert?

6 Was befindet sich auf halber Strecke Luftlinie zwischen dem Wacholderparadies und dem Pietzmoor?

DURCHSTARTEN

7 Welcher Fluss tritt ganz in der Nähe des in Frage 6 gesuchten Punktes zutage?

8 Plattdeutsch braucht man wohl nicht zu sprechen, um dieses nicht mehr ganz junge Semester ausfindig zu machen.

》 ausgerichtet

Neues Bauen in Celle

Keineswegs selbstverständlich war im Deutschland der 1920er-Jahre ein eigenes Bett für jedes Familienmitglied. Zu groß die Armut, zu immens der Wohnungsmangel. Mehr als eine Million Haushalte hatte keine eigene Bleibe. Eine Situation, auf die Baumeister Antworten suchten. Otto Haesler fand sie: Als einer der ersten Architekten ersetzte er die bis dahin herkömmliche Ziegelbauweise durch Stahlskelette und revolutionierte damit den Wohnungsbau.

Als erstes Wohngebiet dieses Neuen Bauens in Deutschland gilt die Siedlung Italienischer Garten in Celle. Ihr moderner Kern sind acht flachbedachte Mehrfamilienhäuser, für die weiße, rote und blaue Kuben wie ineinandergeschoben zu sein scheinen. Rational geplant, wirtschaftlichen und bautechnischen Überlegungen folgend, waren die Wohnungen für Familien mit kleinem Einkommen gedacht. Um kostenoptimiert zu bauen, orientierten sich die Grundrisse am Sonnenstand; der Flur wurde eingespart, der Wohnraum zur Nachmittagssonne ausgerichtet.

Mit dem Georgsgarten und dem Blumläger Feld errichtete Haesler in Celle noch zwei weitere Wohnanlagen im Bauhaus-Stil, wobei der Verfechter des sozialen Wohnungsbaus in Letzterer nicht weniger als *»die unterste grenze einer einwandfreien und doch zeitgemäßen billigsten kleinstwohnung«* festzulegen suchte. Dass es an modernen Annehmlichkeiten nicht fehlte, zeigt heute das in der Siedlung Blumläger Feld eingerichtete Otto-Haesler-Museum mit einer im Original erhaltenen und eingerichteten Arbeiterwohnung sowie einem Wasch- und Badehaus.

52° 36' 43"N 10° 05' 40"O

Neues Bauen in Celle – auch 100 Jahre später noch vorbildlich.

》Fragen

ANKOMMEN

1 In welchem Bundesland befindet sich Celle?

2 Das Otto-Haesler-Museum liegt südöstlich der Celler Innenstadt. Dies wissend, mit dem Auto kommend und nur mit dieser Karte ausgestattet: An welcher Bundesstraße ließe sich grob orientieren, um zum Museum zu gelangen?

3 Ein früherer Bau von Otto Haesler steht westlich von Winsen an der Aller in Bannetze. Welches thematisch ganz anders geartete Museum findet sich in nächster Nähe?

AUFWÄRMEN

4 Weiter nach Höfer, nordöstlich von Celle, wo Haesler (ebenfalls in vormoderner Phase) eine Bergarbeitersiedlung verwirklichte. Befindet sich diese in dem Dorf oder in der Stadt?

5 Bleiben wir in Höfer: Welches ist der höchste eingezeichnete Berg im selben Planquadrat (Feld zwischen den Gitterlinien)?

6 Und welches ist der höchste Berg des gesamten Kartenausschnitts?

DURCHSTARTEN

7 Welche Gewässer würde man vielleicht eher in einer wasserreichen Landschaft im Osten Deutschlands vermuten?

8 Man verbinde gedanklich die Kirchen von Unterlüß und Winsen mit einer Linie und die Kirchen von Hermannsburg und Wathlingen mit einer anderen. Wie heißt der Berg ganz in der Nähe des Ortes, in dem sich die beiden Linien kreuzen?

》 überragend

Süße Verführung in Lübeck

Wenn man's recht bedenkt, erscheint es plausibel, dass just in einer Stadt wie Lübeck eine orientalische Köstlichkeit derart verfeinert wurde, dass sie von hier aus den Weg an den russischen Zarenhof und auch zum deutschen Kaiser fand. Die Rede ist vom Marzipan: Ursprünglich wohl aus Persien stammend, mit den Arabern nach Spanien und von dort aus nach ganz Europa kommend, taucht die Bezeichnung »Marzipan« in Lübeck erstmals in einer Zunftrolle von 1530 auf.

Damals blickte der Ort bereits auf glanzvolle Zeiten an der Spitze der Hansestädte zurück. Rohstoffe und Prestigegüter wurden hier gegen Fertigwaren getauscht, von Süd und West nach Nord und Ost, darunter auch Mandeln, die süßlich-nussige Hauptzutat von Marzipan. Die Konditoren der Hafenstadt konnten die Steinfrüchte aus dem Süden ganz besonders frisch verarbeiten, was sich in einer überragenden Qualität bemerkbar machte.

Geröstete Mandeln, Zucker, etwas Rosenwasser – zur Perfektion gebracht hat diese Marzipanmischung später Johann Georg Niederegger. Er gründete 1806 sein Unternehmen und bezog ein paar Jahre darauf das heutige Stammhaus in der Breiten Straße, vis-à-vis vom Lübecker Rathaus. Ein gut gewählter Platz für den geschäftstüchtigen Zuckerbäcker, der unter den hiesigen Konditoren bald federführend war. Nachdem sein Lübecker Marzipan 1873 dann gar auf der Wiener Weltausstellung präsentiert wurde, sammelte Niederegger in den Folgejahren viele Auszeichnungen und Preise ein und begründete einen Ruhm, der sich bis heute fortsetzt.

53° 52' 05"N 10° 41' 11"O

Postkartenblick auf Lübecks Altstadt.

》Fragen

ANKOMMEN

1 Wie viele Brücken führen zwischen der nördlichen Burgtorbrücke und der südlichen Possehlbrücke über den östlich die Altstadt umfließenden Kanal?

2 Wie heißen die beiden Teiche in der Lübecker Innenstadt?

3 Etwa 20 Kilometer von der Ostsee liegt Lübeck gut geschützt und galt lange Zeit als »Königin der Hanse«. Welchen Fluss fuhren die Hansekoggen einst hinunter, um zum Meer zu gelangen?

AUFWÄRMEN

4 Welches Museum steuert man an, will man Interessantes über Koggen, den Ostsee-Freihandel und andere Aspekte der bedeutsamen Kaufmanns-Vereinigung erfahren?

5 In welche Richtung geht man, um vom Niederegger-Stammhaus zum Marzipan-Museum zu gelangen?

6 An welcher heißen Haltestelle steigt man aus dem Bus, um vom Kohlmarkt zum Dom zu kommen?

DURCHSTARTEN

7 Welcher Altstadt-Straßenname scheint auf den ersten Blick das Schriftstück eines Himmelsboten zu meinen?

8 Das literarische Lübeck und Thomas Mann sind quasi in einem Atemzug genannt. Über das Leben welches anderen Nobelpreisträgers lässt sich in der Stadt ebenfalls mehr erfahren?

❯❯ weitgeblickt

Klein-England in Mecklenburg

Respice Finem (Bedenke das Ende) – diese lateinische Inschrift ziert weithin sichtbar den Giebel des Schlosses Bothmer, das inmitten des Klützer Winkels, einer ländlichen Hügellandschaft im nördlichen Mecklenburg, liegt. In dem Schloss hat nie ein König, Herzog oder Graf gewohnt, und auch sein Erbauer selbst hat es niemals betreten. Dennoch zeugt das Anwesen von großer Weitsicht und der sehr engen Verflechtung der deutsch-britischen Geschichte.

Auftraggeber für den Bau war der Diplomat Hans Caspar von Bothmer, in Diensten des Kurfürsten Georg Ludwig von Braunschweig-Lüneburg und 1711 in einer heiklen Mission nach London gesandt. Mit großem Geschick gelang es Bothmer einzufädeln, dass nach dem Ende des Hauses Stuart der Erbanspruch auf den britischen Thron auf das Haus Hannover (Welfen) überging und Kurfürst Georg Ludwig 1714 zu King Georg I. gekürt wurde. In Wertschätzung für sein diplomatisches Meisterstück wurde Bothmer zum ersten Minister ernannt und bekam für seine Tätigkeit einen neuen Dienstsitz: in der 10 Downing Street. Bis heute wird dieses Haus vom amtierenden Premierminister genutzt.

Bothmer erwarb von seinem Salär günstige Grundstücke in der Nähe von Klütz und gestaltete sein Schloss von London aus nach dem Vorbild des Buckingham House (später Buckingham Palace). Gedacht war das Bauwerk als Stammsitz für seine Familie. Obwohl Bothmer selbst die Einweihung 1732 nicht mehr erlebte, wohnten seine Nachkommen hier noch bis ins Jahr 1945.

53° 57' 32"N 11° 09' 38"O

» Fragen

ANKOMMEN

1 In Form eines Gitters über eine Karte gelegte Linien erzeugen sogenannte Planquadrate, die das Auffinden von Ortsangaben eines Registers auf der Karte erleichtern. In welchem Planquadrat ist Schloss Bothmer zu finden?

2 Welche auf der Karte vollständig dargestellten Planquadrate beinhalten kein Land?

3 Planquadrate werden gewöhnlich in den Spalten mit Buchstaben und in den Zeilen durch Zahlen markiert. Oft verzichtet man jedoch in Karten auf die Spalten »O« und »I«. Was könnte der Grund dafür sein?

AUFWÄRMEN

4 Entlang der Lübecker Bucht befinden sich mehrere berühmte Ferienorte wie Timmendorfer Strand oder Scharbeutz. Welcher Ort ist jedoch der größte an der Lübecker Bucht?

5 Welche Insel erstreckt sich über die Planquadrate J3, J4, K3, K4?

6 Wie heißt der Hafen im Planquadrat K3 und welche berühmte internationale Fährverbindung startet von hier aus?

DURCHSTARTEN

7 Welcher andere internationale Fährhafen liegt genau auf der Gitterlinie zwischen den Planquadraten H und J?

8 Könnten in dem in Frage 7 gesuchten Fährhafen auch große Containerschiffe mit einem Tiefgang von zehn Metern anlegen?

9 Angenommen, man möchte einen Sonnenaufgang über der Ostsee erleben. Begibt man sich dazu an den Leuchtturm Dahmeshöved (J5) oder an den Leuchtturm Flügge (J4)?

» ausgetüftelt

Die Wasserspiele von Ludwigslust

Auf der Suche nach dem typischen Charme Mecklenburgs? Dann sollte man einfach mal die Bundesstraße 5 südlich von Hagenow entlangfahren. Erleben lassen sich dort weite Landschaften, beschauliche Dörfer, alte Kirchen und Backsteinbauten. Außerdem stößt man auf Ortsnamen wie Redefin, Groß-Krams, Kummer – und dann plötzlich auf Ludwigslust! Vielleicht verwundert schon der Kontrast im Namen, spätestens aber wenn man die weite Sichtachse zwischen Schloss und Stadtkirche durchquert, wird klar, dass hier etwas Besonderes zu finden ist.

Entstanden sind diese Anlagen und die Stadt daneben in der Barock-Zeit zwischen 1765 und 1776, als Herzog Friedrch von Mecklenburg seinen Amtssitz dorthin verlegte. Er wählte den Namen zu Ehren seines Vaters Herzog Ludwig und folgte in der Gestaltung französischen Vorbildern wie den Anlagen von Versailles. Weil die Gegend selbst keine Oberflächengewässer besitzt, errichtete man den 28 Kilometer langen Ludwigsluster Kanal, um für die Wasserspiele im Park genügend Nass aus dem Umland heranzuführen. Dem ganzen System stehen als Antrieb lediglich die natürlichen 14,89 Meter Höhendifferenz zwischen Beginn und Mündung des Kanals in den Fluss Rögnitz zur Verfügung. Diese werden vor allem im Bereich des Parks ausgenutzt, wo über Kaskaden pro Sekunde 1000 Liter Wasser in einem Schleier zwei Meter in die Tiefe fallen und sich anschließend über Treppenstufen, Fontänen und Wassersprünge in die scheinbar unendliche Landschaft Mecklenburgs verabschieden. Ein großes weitläufiges Kleinod!

53° 19' 26''N 11° 29' 14''O

» Fragen

ANKOMMEN

1 Auf der Karte ist die Hauptstadt von Mecklenburg-Vorpommern zu sehen, wie heißt diese?

2 In Güstrow kümmert sich eine Stiftung um den Nachlass welches berühmten Künstlers dieser Stadt?

3 Welcher Naturpark ist in seiner ganzen Ausdehnung auf der Karte abgebildet?

AUFWÄRMEN

4 Welche Strecken kann man wählen, wenn man mit der Eisenbahn von Ludwigslust nach Schwerin fahren will?

5 Welche Wasserstraße ist auf der Karte zu erkennen?

6 Wo kann man sich ganz legal mit einem kleinen Fahrzeug selbstständig auf Schienen bewegen?

DURCHSTARTEN

7 Ein einziger schwarzer Schriftzug auf dieser Karte ist in seinem Verlauf um 90 Grad gebogen. Was beschreibt er?

8 Angenommen, man würde in Dömitz an der Elbe (in der südwestlichen Ecke der Karte) mit einem kleinen Boot in den Eldekanal einfahren. Hätte man die Chance, von dort aus die Ostsee zu erreichen?

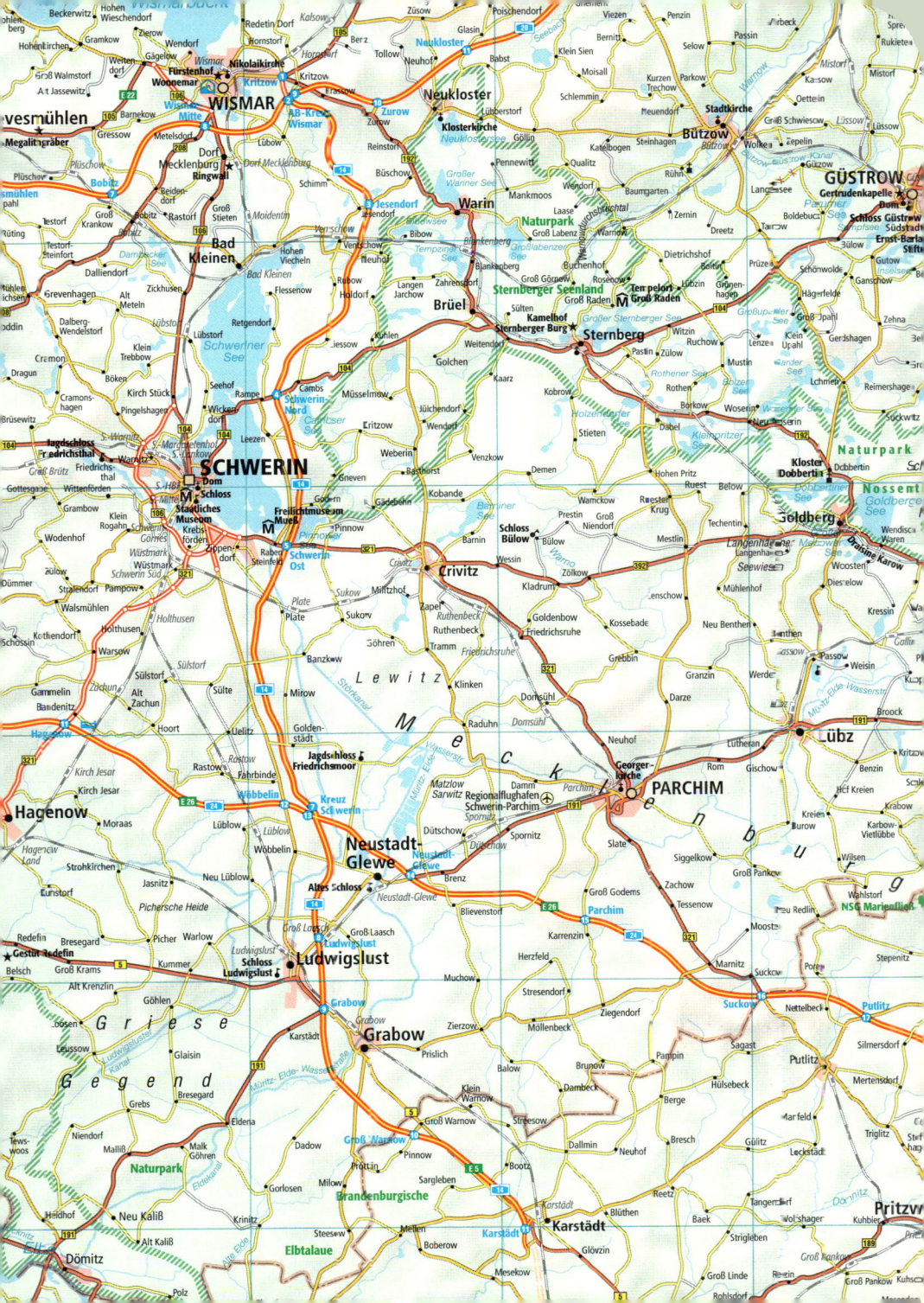

》urwüchsig

Im Greifswalder Bodden auf der Insel Vilm

15 Bootsminuten von der Südküste Rügens entfernt, im Greifswalder Bodden, findet sich einer der außergewöhnlichsten Naturschätze Deutschlands: Auf der Insel Vilm gedeiht seit nunmehr fast 500 Jahren ein Wald nahezu unberührt von menschlichem Einfluss. Kaum einen Quadratkilometer misst das kleine, längliche Eiland, das im Mittelalter ein Wallfahrtsort und seit Mitte des 13. Jahrhunderts im Besitz eines Rügener Uradelsgeschlechts, dem Hause Putbus, war.

Vielleicht nur ein einziges Mal, im Jahre 1527, gab es einen großen Holzeinschlag auf der Insel: Nach einem Sturm verkaufte die damalige Besitzerin das Holz an zwei Stralsunder Kaufleute. Diese durften für zehn Jahre Baustoff von der Insel holen, mussten aber, so die Vorgabe, mindestens sechzig alte »Hegebäume« stehen lassen.

1812 konnte einer der Nachfahren der Familie, Fürst Wilhelm Malte zu Putbus, mit großen Mühen Napoleonische Besatzungstruppen vom Abholzen des inzwischen wieder vollständig regenerierten Waldes abhalten – eine der wahrscheinlich frühesten Naturschutzinitiativen in Deutschland. Der urwüchsige Wald zog bald Maler und später auch Touristen an. 1936 offiziell zum Naturschutzgebiet erklärt, wurde die Insel ab 1959 für die Öffentlichkeit gesperrt. In den elf reetgedeckten und Fischerkaten nachempfundenen Häusern durften bis zum Ende der DDR einzig Ministerratsmitglieder Urlaub machen. 1990 wurde der gesamte Südosten der Insel Rügen zum Biosphärenreservat erklärt, mit Vilm als eine der Kernzonen. Der Wald darf weiterhin wachsen, wie er will.

Vis-à-vis von Lauterbach: Kormorane auf der Insel Vilm.

≫ Fragen

ANKOMMEN

1 Von welchem Ort setzt man nach Vilm über?

2 Welches andere Verkehrsmittel lässt sich am Lösungs(w)ort von Frage 1 nutzen?

3 Die zerfranste Halbinsel im Südosten der Insel Rügen erhielt ihren Namen im Mittelalter, als der Landstrich zum Kloster Eldena bei Greifswald gehörte. Wie heißt sie?

AUFWÄRMEN

4 Weit in das Meer hineinragende Küstenteile werden auf Rügen oft »Ort« oder »Höft« genannt. Darüber hinaus gibt es einen dritten Begriff, der aus dem Slawischen stammt und auf den vorspringenden Charakter eines Landesteiles hinweist. Auf der Insel (und in dem Kartenausschnitt) ist er zweimal zu finden.

5 Steinreich! Wovon gibt es auf Rügen viele?

6 Der höchste seiner Art auf Rügen.

DURCHSTARTEN

7 Piraten in Sicht! Welches Gewässer funkelt an lauen Sommerabenden im Hintergrund?

8 Mit dem Regionalzug soll es von Binz nach Sassnitz gehen, sozusagen der Südzugang zum Nationalpark Jasmund. Wo muss man umsteigen?

》 überflutet

Im Nationalpark Unteres Odertal

Wasser! Überall Wasser! Daran, auf dem Landwirtschaftsweg durch die Wiesen zu kommen, ist mitten im Winter nicht zu denken. Denn allerspätestens in den Senken gewinnt das Nass die Oberhand. Deshalb heißt es auf dem Deichkronenweg bleiben und den Polder umrunden. Nach wenigen Kilometern ist so die Oder erreicht, der Fluss, der im jahreszeitlichen Wechsel mal recht wenig und dann eben sehr viel Wasser führt und der frei mäandernd dieser Auenlandschaft im äußersten Nordosten Brandenburgs ihr ursprüngliches Aussehen gegeben hat.

Anfang des 20. Jahrhunderts wurden die Flussauen nach niederländischem Vorbild weiträumig eingedeicht. Ursprünglich vor allem, um hohen Wasserständen des Hauptstroms Raum zu geben und dabei gleichzeitig die Dörfer am westlichen Talrand mithilfe eines ausgeklügelten Systems aus Schleusen, Schöpfwerken und allerlei anderen wassertechnischen Bauwerken zu schützen. Seither werden die sogenannten Nasspolder den Winter über und bis in den April hinein mit Oderwasser geflutet. Zum Sommer hin ist das meiste Wasser wieder abgepumpt; allein die natürlichen Altwasserarme und die kleinen Stehgewässer bleiben zurück.

Für Vögel sind die Oderniederungen ein wichtiges Brut-, Rast- und Überwinterungsgebiet. So brüten hier im Sommer Seggenrohrsänger, während im Herbst Tausende Kraniche auf ihrem Zug gen Süden einen Übernachtungsstopp einlegen. Im Winter halten sich dann in den Poldern für gewöhnlich Hunderte Singschwäne auf.

53° 03′ 09″N 14° 27′ 35″O

Sonnenuntergang im Nationalpark Unteres Odertal.

≫ Fragen

ANKOMMEN

1 Wie heißt der Grenzübergang bei Schwedt?
2 Wie viele Grenzübergänge sind insgesamt in der Karte zu finden?
3 Wie heißt das große Schutzgebiet an der Oder?

AUFWÄRMEN

4 In welchem anderen großen Schutzgebiet liegt der Grimnitzsee?
5 In welcher Brandenburger Region hält man sich bei einem Besuch des in Frage 3 gesuchten Schutzgebietes auf?
6 Über welche kleinen uckermärkischen, in der Karte benannten Flüsse fährt man, wenn man mit dem Zug von Angermünde nach Szczecin (Stettin) unterwegs ist?

DURCHSTARTEN

7 Mit dem Kajak geht es von Oderberg gen Eberswalde. Welches imposante Industriedenkmal hilft einem dabei?
8 Wo lässt sich ein Kreuzgang vermuten (und auch finden)?
9 Woran erkennt man recht gut, dass die ganze Region früher ein slawisches Siedlungsgebiet war?

》losgelöst

Seen-Hopping in Mecklenburg

Eine Hütte mit einer kleinen Veranda davor, auf der Menschen sitzen, sich unterhalten, feiern oder einfach entspannen: Solch eine Situation ereignet sich täglich wahrscheinlich tausendfach, überall im Land. Wie aber wäre es, wenn man eine derartige Kombination aus Haus, Veranda und Mensch auf schwimmfähige Pontons setzen würde und das Ganze dann über einen See steuern könnte? Nun, so etwas gibt es bereits in Form von Hausflößen, die an der Mecklenburgischen Seenplatte vermietet werden. Windschnittig sind diese ulkigen Gefährte nicht, brauchen sie aber auch nicht zu sein, denn ihr kleiner Außenbordmotor hat gerade mal 15 PS. Die Müritz, den größten Binnensee Deutschlands, darf man damit auch nicht befahren. Trotzdem sind sie ein toller Kompromiss für jedermann. Alternativ kann man die Seen nämlich zwar auch prima mit Kanu oder Faltboot erkunden, müsste allerdings unterwegs sehen, wie man mit Regenschauern klarkommt. Zudem ginge es spätestens zum Übernachten wieder zurück an Land. Und wer es gern komfortabler hat und ein Motorboot oder eine kleine Jacht bevorzugt, braucht einen Sportbootführerschein Binnen.

So kommt man also doch wieder zu den Hausflößen, mit denen man sofort ablegen und seinen Lieblingssee suchen, ankern, baden oder einfach nur bei einem Kaffee, zubereitet auf dem Gaskocher an Bord, die Ruhe der Natur genießen kann. Wer dann noch vor dem Schlafengehen einen Sonnenuntergang erleben will, der verlegt sein Haus kurzfristig auf die Ostseite des Sees. So entspannt geht das an Land nicht.

53° 25' 51"N 12° 51' 26"O

Hausboot auf dem Granzower See bei Mirow.

》Fragen

ANKOMMEN

1 Viele der Seen sind durch Kanäle miteinander verbunden. Welchen See erreicht man von der Müritz über einen Kanal in nordwestlicher Richtung?

2 Schließt der Müritz-Nationalpark die Müritz mit ein?

3 Wie heißt der Aussichtsturm mitten im Nationalpark?

AUFWÄRMEN

4 Welchem Literaten widmet die Stadt Rheinsberg ein Museum?

5 Wohin führt die Eisenbahnstrecke nordöstlich von Rheinsberg?

6 Den Mirower See und die Müritz verbindet ein Schifffahrtskanal. Wie heißt dieser?

DURCHSTARTEN

7 Welchen See erreicht man, wenn man von Mirow aus folgende Gewässer durchfährt: Zotzensee, Vilzsee, Rätzsee, Gobenowsee ?

8 Die korrekte Bezeichnung für den größten Binnensee Deutschlands lautet »die Müritz«. Was meint jemand, der bewusst vom »Müritzsee« spricht?

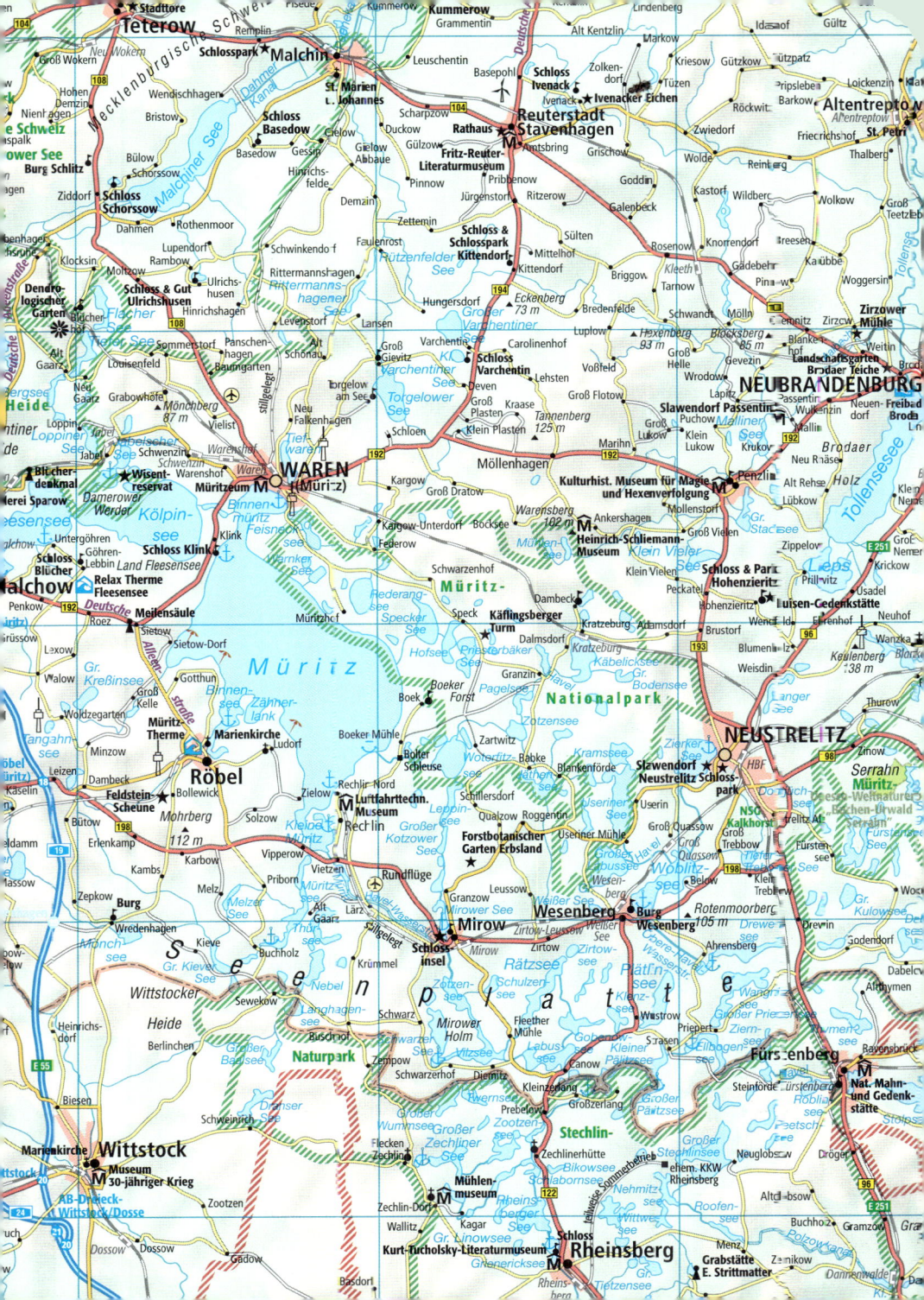

》durchschnitten

An der Berliner Mauer

Ein besonders neuralgischer Punkt des Eisernen Vorhangs, der Europa während des Kalten Krieges durchschnitt, war die Berliner Mauer. Hochgezogen am 13. August 1961, eingerissen am 9. November 1989, umschloss sie auf 160 Kilometern Berlin-West. Zunächst als relativ einfache, gesicherte Ziegel- und Betonmauer gebaut, entwickelte sie sich durch aufwendige Sperranlagen zu einem nahezu unüberwindbaren, breiten Grenzstreifen.

Die Folgen der Teilung erlebte die Berliner Bevölkerung in Wohngegenden wie der rund um die Bernauer Straße besonders dramatisch: Dort verlief die Grenze unmittelbar entlang der Häuserfront. Nachdem die ersten Menschen durch Sprünge aus den Fenstern noch schnell in den Westen flüchteten, wurden wenig später die Häuser geräumt, die verbliebenen Bewohner zwangsumgesiedelt und Fenster und Türen vermauert. Familien waren plötzlich getrennt, täglich genommene Wege von gestern auf heute unterbrochen.

Selbst unter der Erde zeigte sich die Teilung der Stadt. Eine S- und zwei U-Bahnen, die ans West-Berliner Netz angeschlossen waren, unterquerten Ostberliner Gebiet. Mit dem Mauerbau wurden die Zugänge zu den Bahnsteigen geschlossen und es entstanden Geisterbahnhöfe: vom Osten her nicht genutzt, kaum beleuchtet, aber sichtbar bewacht. Die Züge hielten dort nicht mehr an, sondern drosselten lediglich das Tempo. Zu diesen Stationen zählten Potsdamer Platz, Unter den Linden und Bernauer Straße. Rund um Letztere befindet sich heute die offizielle Gedenkstätte zur Erinnerung an die Mauerzeit.

52° 32' 06"N 13° 23' 25"O

》Fragen

ANKOMMEN

1 Wie viele Kirchen sind im gleichen Planquadrat wie der U-Bahnhof Bernauer Straße eingezeichnet?

2 Eine Besonderheit unter den Geisterstationen war der Halt Alexanderplatz, ein zentraler Umsteigebahnhof der Ost-Berliner Mitte. Ein Bahnsteig, an dem die West-Berliner U-Bahn durchfuhr, wurde kurzerhand zugemauert, sodass der Zug zwar zu hören, aber nicht zu sehen war. Wie viele Geisterbahnhöfe hatte man aus nördlicher Richtung von West-Berlin kommend bereits durchfahren, bevor man den Alexanderplatz erreichte?

AUFWÄRMEN

3 Das Grenzgelände entlang der Bernauer Straße wurde noch unmittelbar vor der Wiedervereinigung unter Denkmalschutz gestellt. An dem historischen Ort ist heute eine Außenausstellung auf beiden Seiten der Straße eingerichtet. In welchem Gebäude lässt sich die Geschichte der Berliner Mauer noch weiter erkunden?

4 Todesstreifen wurden zu lebendigen Grünanlagen! Wie heißt das beliebte Naherholungsareal am anderen Ende der Bernauer Straße?

DURCHSTARTEN

5 Steht das in Frage 3 gesuchte Gebäude im ehemaligen Ost- oder im Westteil der Stadt?

6 Ganz in der Nähe befand sich auch der erste Grenzübergang, der in der Nacht des 9. November 1989 geöffnet wurde. Er trägt den Namen einer dänischen Insel. Wie hieß er (und auch die S-Bahn-Station)?

7 Welcher Ort verspricht explizit einen Blick in den Untergrund der Stadt?

>> abgeflogen

Abheben und Landen in Berlin

Der Flughafen Berlin Brandenburg Willy Brandt (BER) ist nur das jüngste Kapitel der Luftfahrt in der bundesdeutschen Hauptstadt, denn das Abheben und Landen ist hier so alt wie die Geschichte der Fliegerei selbst.

Alles begann im Jahre 1894, als der Luftpicnier Otto Lilienthal in Berlin Lichterfelde einen 15 Meter hohen Hügel aufschütten ließ, von dem aus er unzählige Gleitversuche mit seinen selbst konstruierten Fluggeräten unternahm. Er wollte testen, auf welchem Wege es sich am besten der Erdanziehung entkommen lässt. Besagter Hügel, genannt Fliegeberg, ist heute noch erhalten und als zentraler Punkt des Lilienthalparks begehbar.

Die Motorfliegerei startete 1909 auf einer gemähten Wiese des Flugplatzes Johannisthal westlich von Adlershof, bis schließlich der Passagierluftverkehr 1923 auf den neu gebauten Flughafen Tempelhof überging. Während der Blockade 1949 errichteten die Berliner in nur 90 Tagen eine Start- und Landebahn im Norden der Stadt und schufen damit die Grundlage des späteren Flughafens Tegel, der sich in den folgenden Jahrzehnten zum wichtigsten Verkehrsflughafen Berlins entwickelte. Mittlerweile sind jedoch alle diese Flughäfen Geschichte. Stattdessen ist der BER seit 2020 das Luftdrehkreuz der Stadt, nachdem der einst von der DDR gebaute Flughafen Schönefeld in ihm als Terminal 5 baulich aufgegangen ist. Eine Skulptur im neuen Airport erinnert an den Pionier, durch den vor mehr als 125 Jahren ganz in der Nähe auf dem Fliegeberg alles begann.

Im Terminal 1 des BER.

》Fragen

ANKOMMEN

1 Nach welcher berühmten Person war der mittlerweile geschlossene Flughafen Tegel benannt?

2 Welche der ehemaligen Flughäfen sind auf der Karte noch vermerkt?

3 Wie viele Trabrennbahnen sind auf der Karte zu sehen?

AUFWÄRMEN

4 Welche Schlösser sind auf der Karte eingezeichnet?

5 Wohin gelangt man, wenn man in Blankenfelde in die S-Bahn steigt und mit ihr zwölf Stationen in nördlicher Richtung fährt?

6 Wie viele S-Bahn-Stationen sind auf dem Kartenausschnitt eingetragen?
a) 73 b) 92 c) 106 d) 168

DURCHSTARTEN

7 Wie viele Bundesstraßen treffen sich in Berlin?

8 Die Spree fließt im Osten südlich von Karlshorst in die Karte. Wo verlässt sie den Ausschnitt im Westen?

9 Welcher schiffbare Kanal verbindet die östlich des Ausschnittes fließende Dahme mit der westlich des Ausschnittes befindliche Havel?

》 gegengelenkt

Im Großtrappenrevier im Westhavelland

»Janz viel Nüscht« – eine mögliche, in märkischer Mundart knappe Erwiderung auf die Frage, was es denn außer Natur zu sehen gäbe im westlichen Brandenburg. Die natürlich recht verkürzte Beschreibung hat einen wahren Kern, denn die Region ist dünn besiedelt, speziell das Westhavelland. So dünn, dass sich an manchen Orten der Nachthimmel so dunkel wie sonst nur in der Wüste zeigt. Gleichzeitig ist die Gegend ein außergewöhnlicher Landschaftsraum für ein außergewöhnliches Federtier, die Großtrappe. Mit bis zu 16 Kilogramm handelt es sich um ein Schwergewicht unter den flugfähigen Vögeln. Einzig die fliegende Verwandtschaft in Afrika, die Riesentrappe, hat noch ein paar Pfund mehr auf den Rippen.

An und für sich war Brandenburg immer Großtrappenland. Doch je intensiver und großflächiger die Landwirtschaft seit Mitte des 20. Jahrhunderts wurde, desto mehr Lebensraum ging verloren und desto weniger Nahrung fanden die Großtrappen. Alles Gegenlenken, etwa das Einrichten von Schongebieten noch zu DDR-Zeiten, half wenig. 1997 war der imposante Vogel fast ausgestorben – nur noch 57 Individuen in ganz Deutschland zählten Naturschützer. Damit die Trappen in Ruhe brüten können, werden heute hiesige Acker- und Grasflächen extensiv bewirtschaftet; Teilflächen sind eingezäunt, sodass Füchse und Marder die Vögel nicht stören können. Inzwischen zahlen sich die Anstrengungen aus: In den drei Schutzgebieten rund um die Stadt Brandenburg konnten zuletzt 347 Großtrappen ausgemacht werden. Gerettet sind sie dadurch aber noch lange nicht.

52° 36' 14''N 12° 30' 26''O

Großtrappen im Havelland.

» Fragen

ANKOMMEN

1. Wie viele Autobahnen verlaufen auf dem Kartenausschnitt?
2. Wie heißt das große Schutzgebiet im (West-)Havelland?

AUFWÄRMEN

3. In welcher Stadt in dem in Frage 2 gesuchten Schutzgebiet kreuzen sich zwei Zugstrecken?
4. Nennhausen liegt im Havelländischen Luch, wo eines der Großtrappen-Schutzgebiete eingerichtet ist. In welche Richtung verlässt man Rathenow mit dem Zug, um dorthin zu gelangen?
5. Welche künstliche Wasserstraße zeigt die Karte?

DURCHSTARTEN

6. Wo hat die Unwahrheit kurze Beine?
7. Rund um Gülpe gilt der Himmel selbst für Westhavelländer Verhältnisse als besonders dunkel. Am Firmament sieht man die Milchstraße und zu Füßen liegt welches größere Fließgewässer?

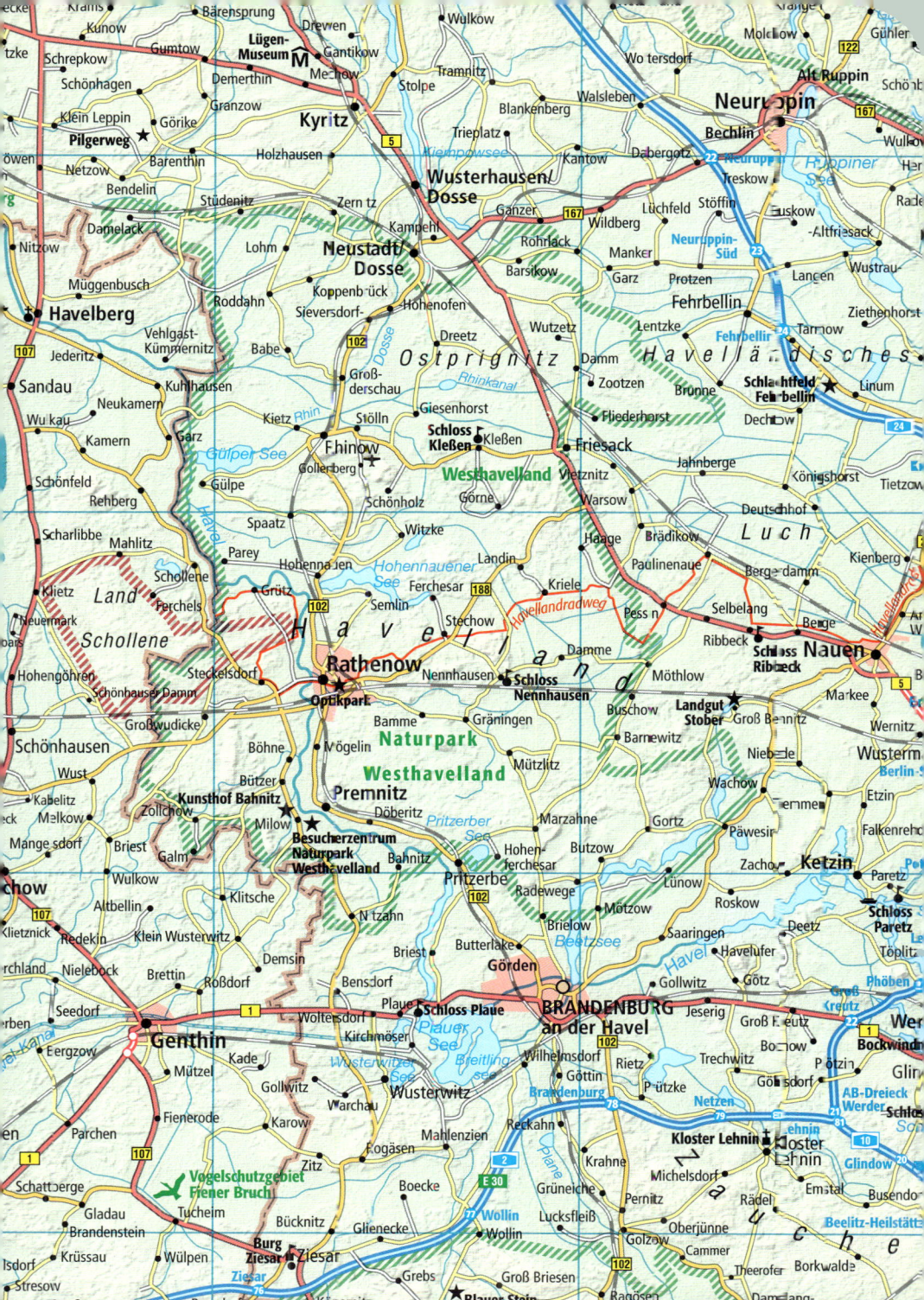

≫ berauscht

Eine Liebe in Münster

Im Mai 2006 wurde der Aasee im westfälischen Münster zum Schauplatz einer ganz besonderen Liaison: In jenem Frühling tauchte auf dem Gewässer ein Trauerschwan auf. Trauerschwäne stammen ursprünglich aus Australien, sind aber auch im mitteleuropäischen Klima überraschend robust. Der schwarze Vogel – später als Schwänin erkannt und Petra genannt – entwickelte eine ausgeprägte Zuneigung zu einem überlebensgroßen weißen Tretboot in Schwanenform, das auf dem Aasee zu leihen war. Biologisch gesehen eine Fehlprägung. Näherten sich Menschen dem Tretboot, reagierte Petra zunächst mit Drohgebärden, ein Verhalten, das sich als Verteidigung des Brutreviers deuten ließ. Fortan waren der große weiße und der kleine schwarze Schwan jeder falls immer zusammen zu sehen. Selbst wenn das Tretboot vermietet wurde, wich ihm Petra nicht von der Seite. Als der Winter kam, das Tretboot aus dem Wasser genommen werden sollte und auch Petra ein schützendes Quartier benötigte, entschied man sich kurzerhand, das Boot in einer mehrtägigen Aktion über den ganzen Aasee, in einen Kanal hinein und zum Allwetterzoo Münster zu ziehen, Petra im Schlepptau.

Nach dem Überwintern im Zoo ging es im nächsten Frühjahr für beide wieder retour auf den See; Petra wich dem Tretboot auch jetzt nicht von der Seite. Im nächsten Winter ein ähnliches Prozedere. Mit einem Unterschied: Petra duldete erstmals einen lebendigen Schwan neben sich. Ihre Wahl fiel auf Paul, einen weißen Höckerschwan. Die etwa zweijährige Liaison mit dem Tretboot hatte damit ein Ende. Ob allein dieser Umstand die Auffassung widerlegt, wonach Schwäne streng monogam leben, ist nicht überliefert.

» Fragen

ANKOMMEN

1 Unter wie vielen Brücken ist Petra maximal hindurchgeschwommen, als sie vom Nordufer des Aasees zum Allwetterzoo umgezogen ist?

2 Erstmals 1977 und seither alle zehn Jahre lädt die Stadt Kunstschaffende zur »Skulptur Projekte Münster ein«, um eigens für die Stadt geschaffene Kunstwerke zu präsentieren. Viele dieser Werke prägen bis heute das Stadtbild. Wie viele Skulpturen (und welche) sind im Aaseepark und damit unmittelbar rund um den See in der Karte eingezeichnet?

3 Welchen zwei Straßen folgt man, um von den Aaseeterrassen auf direktestem Wege in die Altstadt zu gelangen?

AUFWÄRMEN

4 Welche der in Frage 2 genannten Skulpturen befindet sich fast genau auf der Luftlinie zwischen den Bushaltestellen Mühlenhof und Geiststraße? (Am besten zeichnet man's ein oder legt zumindest ein Lineal an.)

5 Welchen Spanier kann man in der Altstadt näher kennenlernen?

6 Ausgehend von Lösung 4, welche Kirchen findet man zwei Planquadrate weiter östlich?

DURCHSTARTEN

7 Um per Uhrzeit zu navigieren, denkt man sich ein Ziffernblatt: Zwölf Uhr ist immer voraus, sechs Uhr ist hinten. Und hier die Frage: An der nördlicheren der beiden in Frage 6 gesuchten Kirche nach Norden schauend stehend, auf wie viel Uhr müsste man sich etwa begeben, um von hier zum Historischen Rathaus von Münster zu gelangen?

8 Welches andere Gewässer in Münster fällt besonders auf und wie ließe sich die Form erklären?

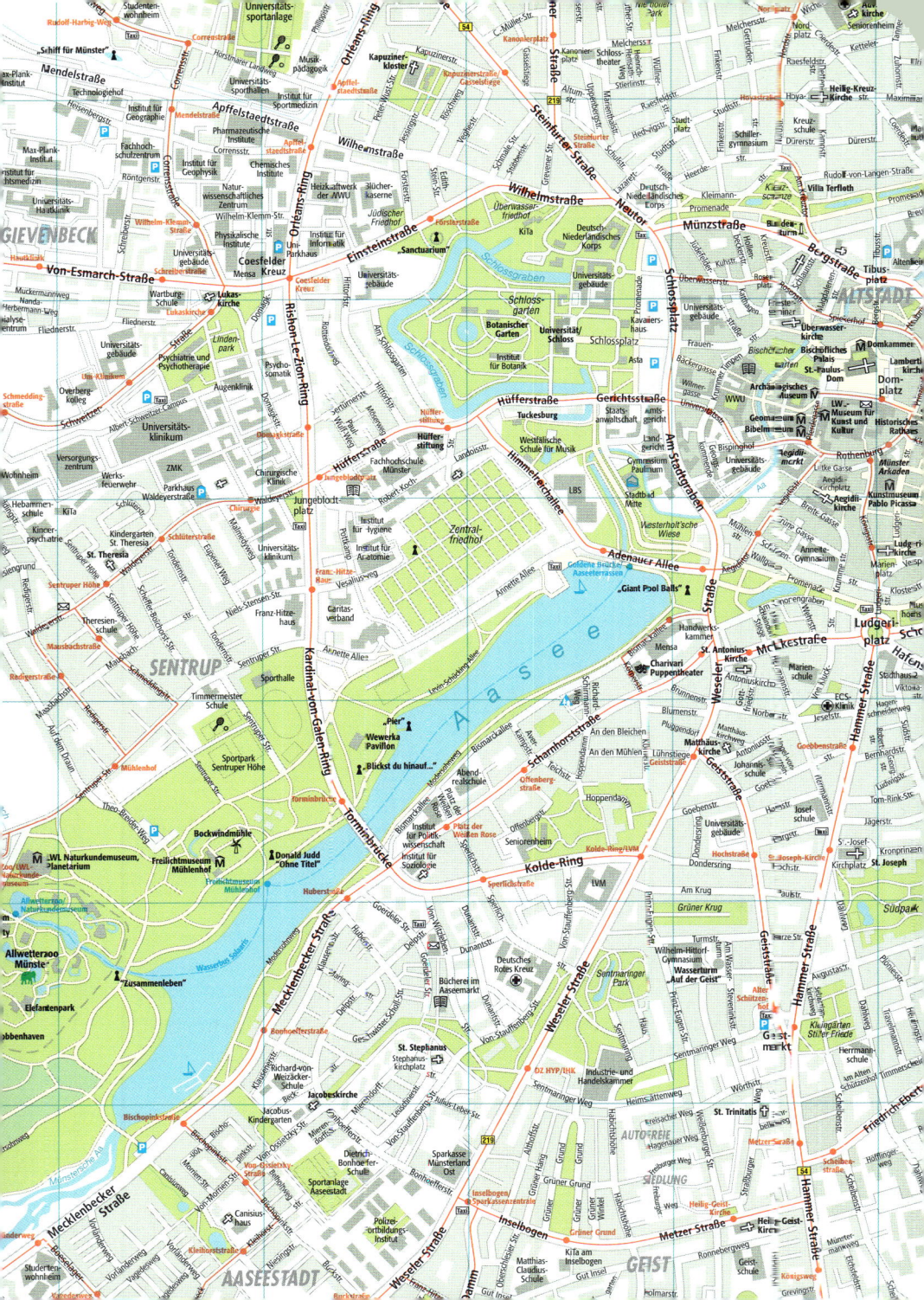

» aufgehäuft

Landmarken in der Metropole Ruhr

Halden – im Grunde genommen sind sie die Höhepunkte der Metropole Ruhr und das im wörtlichen Sinne, denn eigentlich ist die Region flach, eine Ebene, die von Duisburg bis Dortmund keine natürlichen Berge besitzt. Dennoch sind sie da – menschengemacht! Bis zu 200 Meter strecken sie sich an einigen Orten dem Himmel entgegen und sind dabei das Ergebnis von über 150 Jahren menschlichen Wirtschaftens in der Region, die entscheidend durch den Bergbau geprägt war. Schlacke, Schutt und Abraummaterial wurden an bestimmtem Stellen abgelagert und übereinander aufgeschichtet, denn Platz war rar im Ruhrgebiet.

Aber all dies ist seit 2018 Geschichte, als das letzte Bergwerk Prosper Haniel in Bottrop seine Steinkohleförderung einstellte. Der Strukturwandel in der Metropole Ruhr findet bereits seit Jahrzehnten statt, auch mit der Folge, dass die Natur in großem Umfang in die Region zurückgekehrt ist. Viele Halden wurden gesichert, begrünt und für die öffentliche Nutzung freigegeben. Einige ihrer Spitzen sind von Künstlern als beeindruckende Landmarken gestaltet worden. So erstrahlt von der Halde Rheinpreußen, nordwestlich von Duisburg, weithin sichtbar in der Nacht das Geleucht, eine 20 Meter hohe überdimensional große Grubenlampe. Auf der Halde Haniel fördert die künstlerische Gestaltung, zusammen mit dem Blick aus 185 Metern Höhe auf das umgebende Gewirr der Metropole Ruhr, beim Besucher eher spirituelle Gedanken: »Was treibt Menschen an? Was steht über uns?«.

51° 32′ 58″N 06° 52′ 35″O

Blick übers Ruhrgebiet von Halde Haniel.

》Fragen

ANKOMMEN

1 Welches Bauwerk verzeichnet die Karte auf dem Plateau der Halde Haniel, nördlich von Oberhausen?

2 Was grenzt unmittelbar nördlich an das Autobahnkreuz Oberhausen?

3 Welche Siedlung befindet sich nördlich des Übergangs der Autobahn A516 in die Bundesstraße B223?

AUFWÄRMEN

4 Welche drei anderen Halden sind außer Haniel noch auf dem Kartenausschnitt verzeichnet?

5 Welcher Kanal für die Schifffahrt ist erkennbar?

6 Welches Museum befindet sich direkt nördlich gegenüber dem Hauptbahnhof von Oberhausen?

DURCHSTARTEN

7 Welcher zweite Fluss, der neben der Ruhr eine wichtige Rolle bei der Entwicklung dieser Region spielte und immer noch spielt, ist auf diesem Kartenausschnitt zu sehen?

8 In einem Gebiet nördlich des Stadtzentrums von Oberhausen, südlich der Autobahn A42 und östlich der Bundesstraße B223, ist auf der Karte eine auffällige Häufung von Freizeiteinrichtungen zu erkennen. Was könnte hier geschehen sein?

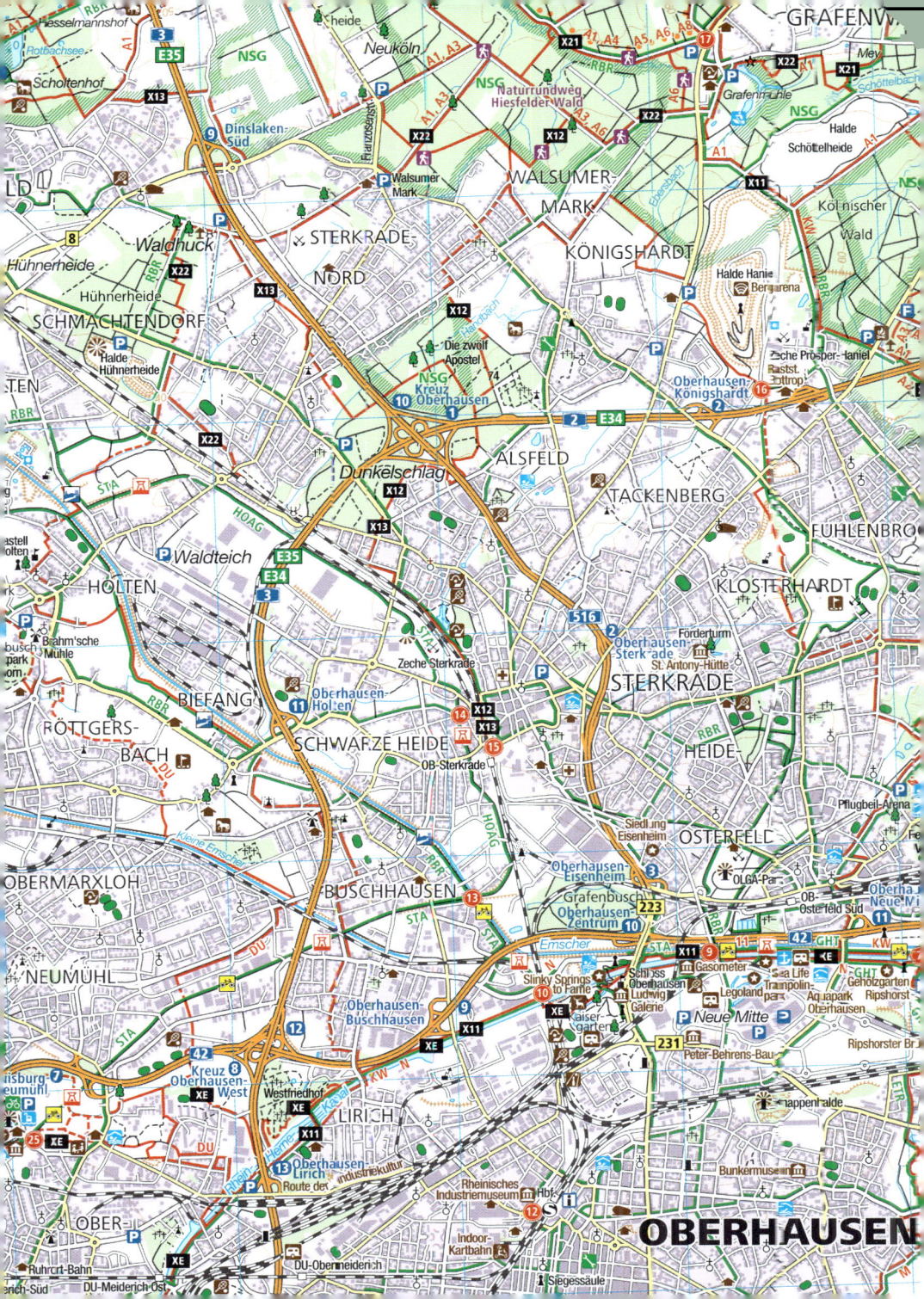

≫ angepeilt

Der Weltraum in Bochum-Sundern

Abitur hatte er nicht, aber Heinz Kaminski, Sohn eines Stahlarbeiters im Ruhrgebiet, glühte leidenschaftlich für die Astronomie. Nach dem Zweiten Weltkrieg wurde er Volkshochschullehrer und suchte nach Möglichkeiten, wie er die Menschen im Revier für das All begeistern konnte. Seinem großen Organisationstalent war es zu verdanken, dass bereits 1952 die Volkssternwarte Bochum eröffnet wurde. Fünf Jahre später, als der Wettlauf ins All zwischen Russen und Amerikanern seinem ersten Höhepunkt zustrebte, witterte Kaminski die Chance, griff auf seine Erfahrung als Funker im Zweiten Weltkrieg zurück und errichtete über Nacht mit Freunden neben der Warte eine Empfangsantenne aus gespannten Drähten. Das weitere technische Equipment brachte er im Keller seines nahe gelegenen Wohnhauses unter.

Dort war es dann auch, wo er und die versammelte Presse wenige Stunden später als erste Menschen in der westlichen Welt gebannt dem Funksignal des Erdsatelliten Sputnik I lauschten. Das gleiche wiederholte sich vier Jahre später, als Juri Gagarin als erster Mensch ins All flog, mit dem Unterschied, dass jetzt die Russische Akademie der Wissenschaft gleich selbst bei Kaminski in Bochum anrief, um ihm vorab die Frequenzen der Mission mitzuteilen. Auch die NASA wusste Kaminski zu schätzen und erlaubte es ihm ausdrücklich, während der ersten Mondlandung alle Funksprüche zwischen Apollo 11 und Houston mitzuhören. Die Bochumer waren begeistert von »ihrer« Sternwarte, so wie es Kaminski immer gewollt hatte.

Sternwarte in Bochum-Sundern.

》Fragen

ANKOMMEN

1   Die Sternwarte Bochum liegt im Stadtteil Sundern nördlich der Wasser-
    gewinnungsanlage an der Ruhr. Welche drei Buchstaben sind auf der Karte
    der Sternwarte Bochum vorangesetzt?
2   Sie treffen sich am Dreieck Bochum-West.
3   Wattenscheid ist mit seinen 73 000 Einwohnern seit 1974 keine eigenstän-
    dige Stadt mehr, sondern ein Stadtbezirk von … ?

AUFWÄRMEN

4   Dem Ausschnitt liegt eine Karte im Maßstab 1:50 000 zugrunde, eine ideale
    Größe, um darauf Wander- und Radwege zugleich darzustellen. Welche
    Farbe wird für Radwege benutzt und welche für Wanderwege?
5   Woran erkennt man auf der Karte, dass die Stadt Hattingen weniger Ein-
    wohner hat als Bochum oder Gelsenkirchen?

DURCHSTARTEN

6   Über welches in Deutschland einmalige Konstrukt kann jeder die
    Ruhr überqueren?
7   Welches Museum hat garantiert kein Tageslicht?
8   Welche Sorte Türme sind auf der Karte verzeichnet?

» abgezählt

Das Wasser von Köln

0815, 007, 42, ... Wer kennt sie nicht, eigentlich ganz normale Zahlen, welche aber im allgemeinen Sprachgebrauch eine zusätzliche Bedeutung bekommen haben, weil hinter ihnen eine ganz besondere Geschichte steckt. Auch Köln hat eine solche Zahl zu bieten, denn als die französischen Revolutionstruppen 1794 das Rheinland besetzten, staunten sie nicht schlecht über die fast noch mittelalterlichen Zustände, die sie beim Einrücken in die Stadt vorfanden. Das sollte sich bald ändern.

Gemäß dem Geist der Französischen Revolution wurden Gleichheit, Freiheit und Brüderlichkeit zu den Leitmotiven im Handeln, außerdem schaffte man Ordnung: Die Toten fanden auf einem gesonderten Friedhof außerhalb der Stadt ihre letzte Ruhe, die Straßen wurden in der Nacht beleuchtet und die Gassen täglich gereinigt. Zur besseren Erfassung bekamen alle Häuser eine Nummer, auch der Kölner Dom. Allerdings nicht etwa die 1 oder die 100, sondern die 25831/2. Heute kennt sie kein Mensch mehr, doch dafür ist eine andere Zahl geblieben, obwohl sie offiziell schon einige Jahre nach ihrer Einführung wieder abgeschafft wurde. Es handelt sich um die Nummer eines Hauses in der Glockengasse, in dem ein Kaufmann seit 1797 »Kölnisch Wasser« verkaufte, ein – wie es später genannt wurde – Eau de Cologne, das mit seinem nur geringem Duftstoffanteil und damit leichten, frischen Geruch schon damals die Menschen begeisterte. Dieses Haus trug die Nummer 4711.

50° 56′ 18″N 06° 57′ 08″O

Von der Panoramaplattform des KölnTriangle hat man einen exzellenten Blick auf Hohenzollernbrücke und Altstadt.

$\gg$ Fragen

ANKOMMEN

1 Wie weit liegen Dom und Kölner Hauptbahnhof voneinander entfernt?

2 Innerhalb des gesamten Stadtgebietes von Köln queren sieben Brücken den Rhein. Welche dieser davon im Kartenausschnitt abgebildeten Brücken wird von Statuen ehemaliger Herrscher flankiert?

AUFWÄRMEN

3 Wenn morgens im Radio die Meldung verlesen wird, dass der Wasserstand des Rheins in Köln 8,30 Meter beträgt, wo wurde dieser Wert kurz zuvor gemessen?

4 Was ist die kürzeste Verbindung zwischen dem Musical Dome und dem Tanzbrunnen?

5 Wohin begibt man sich idealerweise, um in unmittelbarer Nachbarschaft zueinander die Herstellung von Pralinen und eine Siegermedaille der deutschen Mannschaft bei der Fußballweltmeisterschaft von 1990 betrachten zu können?

DURCHSTARTEN

6 Welche Gebäude umrundet man, wenn man der Glockengasse, der Tunisstraße, der Brüderstraße und der Krebsgasse folgt?

7 Was verbinden Marzellenstraße und Eigelstein?

8 Geheimtipp: Wenn man sich eine Linie durch die Kirche St. Ursula und die U-Bahn-Station Breslauer Platz/Hauptbahnhof denkt und eine zweite durch die U-Bahn-Station Poststraße und die Kirche St. Maria im Kapitol, dann treffen sich beide genau an der Stelle, von wo aus man einen der besten Ausblicke auf Köln hat.

》abgeschnürt

Zweimal Deutschland im Hohen Venn

Geografische Räume, durch die Staatsgrenzen verlaufen, haben oft einen ganz eigenen Charakter, etwa die Region in der westlichen Eifel südlich von Aachen im Grenzgebiet zum Nachbarland Belgien. Bei der Fahrt auf der Nationalstraße 67 vom belgischen Eupen ins deutsche Monschau überquert man genau genommen drei Staatsgrenzen, weil das Gebiet rund um Mützenich eine deutsche Exklave bildet. Dieses kleine Stück Deutschland ist räumlich komplett abgetrennt vom Hauptstaatsgebiet der Bundesrepublik.

Der Grund für diese skurrile Grenzziehung liegt über 100 Jahre zurück, in einer Zeit, als man sich in Europa noch kriegerisch gegenüberstand. Der Korridor, der die beiden ungleich großen Teile Deutschlands voneinander trennt, ist eine Eisenbahntrasse, die sogenannte Vennbahn, über die im Ersten Weltkrieg Soldaten und große Menger Kriegsgerät vom Deutschen Reich an die französische Grenze transportiert wurden. Um sie dem deutschen Einfluss im weiteren Verlauf der Geschichte zu entziehen, legten die Siegermächte 1919 im Vertrag von Versailles fest, dass die Vennbahntrasse belgisches Staatsgebiet wird. Obwohl hier mittlerweile kein Zug mehr fährt, gehört die Trasse nach wie vor zu Belgien. Sie wurde in den 2010er-Jahren auf der gesamten Länge von 128 Kilometern zu einer der längsten Bahntrassenradwege Europas umgebaut, und so genießt man heute auf der spektakulären Strecke durch Tunnel und über Viadukte die europäische Lebensweise im Mix der deutschen, französischen sowie flämischen Kultur.

≫ Fragen

ANKOMMEN

1 Auf der Karte ist einer der 16 deutschen Nationalparks zu sehen – welcher?

2 An der deutsch-belgischen Grenze liegt als Teilbereich des Mittelgebirges Eifel/Ardennen die Hochfläche des Hohen Venn, das in weiten Teilen als Hochmoor ausgebildet ist. Viele Wanderwege führen deswegen über Holzstege. Wie wird die Hochfläche auf Französisch genannt?

AUFWÄRMEN

3 In welchem Staat liegen die Orte Hauset, Merolser Heide, Petergensfeld, Walhorn oder Möderscheid, Heppenbach, Mürringen, Holzheim und Lanzerath?

4 Was erreicht man zugegebenermaßen auf Umwegen, wenn man von Schleiden aus nacheinander folgende Straßen befährt: B265 – N632 – N647 – N669 – B399 – N67 – N68 bis zur Kreuzung mit der ersten hellgelben Straße rechts.

5 Welche Hinweise auf der Karte deuten darauf hin, dass in der Eifel in früheren Zeiten Bodenschätze gefördert wurden?

DURCHSTARTEN

6 Wie viele Talsperren und Stauseen sind auf der Karte verzeichnet? Auf was könnte deren vergleichsweise hohe Anzahl hinweisen?

7 Welcher kleine Ort auf der Karte beginnt mit dem 24. Buchstaben unseres Alphabets und hört auch mit ihm auf?

8 Die beiden höchsten Berge auf diesem Kartenausschnitt stehen in einem starken Farbkontrast zueinander.

》abgekühlt

Explosives im Rheintal

Was heute auf der Karte unmittelbar neben der Autobahn A 61 etwa acht Kilometer westlich des Rheines in Höhe der Stadt Andernach so harmlos als kleiner See mit drei Hektar Wasserfläche eingezeichnet ist, war vor rund 13 000 Jahren das Zentrum eines Infernos, das große Teile Mitteleuropas in Mitleidenschaft zog. Denn streng genommen ist der Laacher See gar kein See, sondern ein mit Wasser angefüllter ehemaliger Vulkankrater. Dieser Vulkan brach um 10 930 vor Christus das letzte Mal aus und schleuderte dabei unter anderem mehr als 16 Kubikkilometer lockeres Gesteinsmaterial in die Umgebung. Im Umkreis von über 20 Kilometern regnete Bims herab und begrub die damalige Erdoberfläche unter einer teilweise mehrere Meter hohen mächtigen Schicht. Die leichteren Ascheteile gelangten wesentlich weiter und sind selbst noch in den Bodenschichten Skandinaviens nachweisbar. Neben Bims und Asche wurden auch im großen Umfang schwefelhaltige Partikel freigesetzt, die sich rasch in den höheren Stockwerken der Atmosphäre verteilten und nach der Meinung im Wissenschaftskreis als Auslöser einer kurz darauf eingetretenen Klimaanomalie, sprich einer Kaltzeit, waren.

Wer heute den Laacher See umwandert, dem werden vor allem am Ostufer im Wasser blubbernde Blasen auffallen. Noch heute steigt hier Kohlendioxid aus dem Boden auf und Vulkanologen haben festgestellt, dass der Vulkan darunter mitnichten erloschen ist. Ob oder wann ein erneuter Ausbruch bevorstehen könnte, darauf legt sich niemand fest.

50° 24' 46"N 07° 16' 12"O

Kloster Maria Laach und der Laacher See.

» Fragen

ANKOMMEN

1. Wie viele Fähren und wie viele Brücken verbinden innerhalb des Kartenausschnittes die beiden Uferseiten des Rheins?
2. Welche beiden Bundesstraßen treffen sich unweit des Geburtshauses von Ludwig van Beethoven?
3. Welches für seinen Rotweinanbau berühmte Tal erstreckt sich vom Rhein westwärts Richtung Eifel in Höhe der Stadt Sinzig?

AUFWÄRMEN

4. Welchen Namen trägt der Zug, der durch ehrenamtliche Helfer eines Vereins in Schuss gehalten wird und im Winter wie im Sommer durch das Brohltal rattert?
5. Warum wird vielen Autofahrern und Sportfans das Herz etwas höher schlagen, wenn sie von der Autobahn A61 an der Abfahrt 33 (Wehr) etwa 27 Kilometer über die B412 in westlicher Richtung fahren?
6. Wie hoch ist der höchste Berg auf diesem Kartenausschnitt?

DURCHSTARTEN

7. Welche Erhebung südlich von Bonn in Nähe des Rheins wird gerne mit der Sage der Nibelungen in Verbindung gebracht?
8. Was eröffnet südlich der Stadt Rheinbach andere Welten?
9. Welches Kloster scheint sich geografisch verirrt zu haben?

》durchgereicht

Stille Post durch Ostwestfalen

Wie lange braucht eine Nachricht von Berlin nach Köln? Wahrscheinlich verstehen wir Menschen des Internetzeitalters den Sinn dieser Frage gar nicht mehr, sind wir es doch gewöhnt, alle Kommunikation weltweit in Echtzeit durchführen zu können.

1830 jedoch benötigte eine Depesche für diese Strecke trotz Schnellpostkutschen mehrere Tage! Das dauerte der damaligen preußischen Militärführung in Berlin zu lange, befürchteten sie doch täglich Aufstände und politische Unruhen in der erst wenige Jahre zuvor besetzten Rheinprovinz. Sie beschlossen daher den Bau einer optischen Telegrafenlinie Berlin–Köln–Koblenz, für die entlang der Strecke 62 Stationen zumeist auf Bergspitzen errichtet wurden. Diese umfassten neben den Unterkunftsräumen für das Personal jeweils einen Observationsturm und einen darauf befestigten 6,5 Meter hohen Mast mit sechs seitlich angebrachten beweglichen Telegrafenarmen. Je nach Stellung dieser Arme wurden Silben oder Worte dargestellt, die von der benachbarten Station durch Fernrohre erfasst und möglichst schnell auf dem eigenen Mast nachgestellt werden mussten. Das geschulte Personal schaffte damit die Übertragung einer Depesche mit 30 Worten vom Rhein an die Spree in knapp zwei Stunden, natürlich nur am Tage und nicht bei Nebel! 16 Jahre lang bestand diese Signalverbindung und wurde erst 1849 durch die Nutzung elektrisch betriebener Morsetelegrafen abgelöst. Ein Turm in der Kette – die Nummer 31 – stand auf dem Lattberg in Ostwestfalen unweit des Dorfes Entrup.

Telegrafen-Station 31 auf dem Lattberg bei Entrup – der Signalmast auf dem Dach ist ori_inalgetreu.

》Fragen

ANKOMMEN

1 Wie hoch ist der Lattberg südöstlich von Steinheim?

2 Wie heißt das Dorf nordöstlich von Nieheim, das nach Ferien, Leichtigkeit und warmer Jahreszeit klingt?

3 Für welchen nächstgelegenen Zielbahnhof würde man sich entscheiden, möchte man zum Lattberg mit der Eisenbahn reisen?

AUFWÄRMEN

4 Die Landkartenart, die diesem Kartenausschnitt zugrunde liegt, übermittelt durch Symbolzeichen viele zusätzliche touristische Informationen: Welcher Teil des Doppelortes Schieder-Schwalenberg bietet mehr touristische Attraktionen?

5 Wie viele Kilometer Straße hat man vor sich, wenn man auf der Bundesstraße vom Stadtzentrum in Höxter bis an den Ortsrand von Blomberg fahren möchte?

6 Angenommen, man möchte bei einer Fahrt mit dem Auto zwischen Höxter und Bad Pyrmont möglichst landschaftlich reizvolle Straßen benutzen – welche Strecke würde man mittels der Karte wählen?

DURCHSTARTEN

7 Was erwartet einen Radfahrer auf der Landstraße zwischen Brakel und Höxter, wenn er den Abschnitt von Brakel via Wartturm bis Bosseborn befährt?

8 Auf dem Kartenausschnitt sind noch zwei weitere Stationsstandorte der optischen Telegrafenlinie zu sehen. Station 30 befand sich unmittelbar südöstlich der Kreuzung der Bundesstraße 239 mit der Landstraße, die von Vörden zur Abtei Marienmünster führt, die Nummer 29 auf dem Köterberg. Wie hoch liegen diese Standorte?

》durchnässt

Auf moorigen Pfaden im Harz

Der Name Torfhaus, eine Passhöhe auf 800 Metern, um die herum sich einige wenige Häuser finden, erinnert selbst in Landkarten mit großem Maßstab an den ökologischen Schatz des Harzes: Die hier befindlichen naturnahen montanen Hochmoore wachsen nur einen Millimeter pro Jahr. Heute stehen die wertvollen Naturflächen, die mehr Kohlendioxid als jedes andere Ökosystem speichern, unter besonderem Schutz.

Dass die Moore vor allem auf der Westseite des Brockens verhältnismäßig intakt sind, ist letztlich dem Wetter zu verdanken. Meist kommt dieses von Nordwesten und bringt Wolken mit, die an den Bergen hängen bleiben und abregnen.

Zwar wandte man sich Anfang des 18. Jahrhunderts, nachdem das Holz im Harz rar geworden war, auch vor Ort dem Torfabbau und der Torfköhlerei zu, doch schon nach wenigen Jahrzehnten endete diese Episode. Es war schlicht unwirtschaftlich, den nassen Torf im feuchten Hochharz-Klima im großen Umfang zu trocken und zu verkohlen.

Von Torfhaus aus stieg im Dezember 1777 Johann Wolfgang Goethe erstmals auf den Brocken. Auf welchem Weg genau ihn dabei der Torfhauser Förster mit durch die Moore nahm, weiß man nicht. Sicher hingegen ist, dass der winterliche Aufstieg im hohen Schnee mühsam war. Auf den in einer künstlerischen Krise steckenden Goethe machte die Brockenbesteigung großen Eindruck. Der Harz, allen voran der Brocken, erlangte alsbald Weltruhm, als ihn Goethe im »Faust« verarbeitete.

51° 47' 57"N 10° 36' 56"O

Blick vom Hexentanzplatz in Thale zum Brocken.

›› Fragen

ANKOMMEN

1 Wie viele Bundesstraßen verlaufen durch Goslar?
2 Auf welchen großen Fernwanderwegen kommt man ebenfalls durch diese Stadt?
3 Führt einer der in Frage 2 gesuchten Wanderwege in den Nationalpark Harz?

AUFWÄRMEN

4 Welcher Wanderweg führt über den Brocken?
5 Zu Fuß auf den Brocken. Doch welche Alternative gibt's für den Weg ins Tal?
6 Sie kennen die meisten wohl eher als Brandenburgerin. Hier, anders als dort, ist sie kein Grenzfluss.

DURCHSTARTEN

7 Von welchen kleinen Gewässern gibt's auffallend viele in der Karte, vor allem im westlichen Harz?
8 Es geht von Clausthal-Zellerfeld auf der Bundesstraße nach Osten, dann an einer großen T-Kreuzung nach rechts und auf dieser Bundesstraße weiter, bis auch diese wieder auf eine Bundesstraße trifft. An der Kreuzung hält man sich links und bleibt immer auf dieser Straße, bis ein kleiner Ort mit zwei für Besucher zugänglichen Höhlen erreicht ist. Wie heißen diese?

#》ausgetauscht

Urgeschichtliches an der Unstrut

Nahe der Unstrut hoben 1999 Sondenjäger einen Bronzeschatz, darunter zwei prächtige Schwerter, zwei Beile, einen Meißel und zwei Armspiralen. Das wertvollste Fundstück allerdings war ein pizzagroßer Diskus, heute bekannt als die Himmelsscheibe von Nebra. Fast drei krimireife Jahre sollte es dauern, bis alles zum rechtmäßigen Besitzer, dem Land Sachsen-Anhalt, zurückkehrte, wo der Fund nun restauriert im Landesgeschichtlichen Museum in Halle zu bewundern ist.

Die Himmelsscheibe gilt als eines der spektakulärsten Objekte der europäischen Urgeschichte. Verziert ist die flache Kupferscheibe mit Goldauflagen – Sonne und Mond, Gestirne und etwas, das sich als Boot erkennen lässt. Tatsächlich können Forschende der Prähistorie vieles nur (gut begründet) vermuten. So, wie die Dinge auf der Himmelsscheibe stehen, ist wohl ein nächtlicher Sternenhimmel vor etwa 3500 Jahren zu sehen. Sehr gut denkbar, dass die Himmelsscheibe ein astronomisches Instrument war, mit dem genaue Kalenderdaten bestimmt wurden. Später offenbar noch eine Weile als Kultobjekt genutzt, wurde sie letztlich in der Erde vergraben, zusammen mit den anderen bronzenen Gegenständen.

Heute weiß man, dass das Kupfer, aus dem die Scheibe hergestellt wurde, aus dem Salzburger Land stammt, während das Zinn sowie das Gold aus Cornwall kamen. Dieser Fakt ist erstaunlich, zeigt er doch, dass schon sehr früh ein Handelsnetz Europa überspannte, in dem Technologien, Rohstoffe und Waren über Hunderte von Kilometern getauscht wurden.

Im markanten Besucherzentrum Arche Nebra heißt es Eintauchen in die rätselhafte Welt der Bronzescheibe.

≫ Fragen

ANKOMMEN

1 Wie viele Eisenbahn-Symbole finden sich in der Karte?
2 Gesucht: Ein besonders langer Ort von Ordensbrüdern (und -schwestern), westlich von Querfurt.
3 Welche in der Karte eingezeichnete Kulture nrichtung besucht man, um mehr über die Himmelsscheibe von Nebra zu erfahren?

AUFWÄRMEN

4 Kann man mit dem Zug zum Ziel von Frage 3 gelangen?
5 Andere Möglichkeit: An wie vielen Flüssen geht's entlang, will man stromabwärts mit dem Rad zum jetzigen Aufbewahrungs- und Ausstellungsort der Original-Himmelsscheibe kommen?
6 Auf der Route von Frage 5 kommt man in Goseck vorbei. Dort wurde in den 1990er-Jahren eine 7000 Jahre alte Kreisgrabenanlage entdeckt, die sich als das heute älteste bekannte Sonnenobservatorium in Europa entpuppen sollte. Zwischen welchen ebenfalls am Fluss liegenden Städten befindet sich der Ort?

DURCHSTARTEN

7 Welche Süßigkeit versteckt sich auf dem Kartenausschnitt?
8 Zurück zu den Eisenbahnsymbolen aus Frage 1: Was könnte es damit auf sich haben?

》archiviert

In der Deutschen Nationalbibliothek in Leipzig

Mit dem Erscheinen dieses Buches hat ein Exemplar eine ganz besondere Reise angetreten: die nach Leipzig, in die Deutsche Nationalbibliothek. Vor gut einhundert Jahren begann die damalige Deutsche Bücherei damit, systematisch alles zu sammeln, was in deutscher Sprache an Schrift- und Tonwerken erscheint – ganz gleich, wie trivial oder komplex, ob Häkelzeitschrift, Raumfahrtbuch, Schallplatte, CD oder Landkarte. Lückenlos und ohne Wertung. Seit 2006 ist der Sammelauftrag ganz offiziell um Internetpublikationen erweitert. So schicken Buchverlage automatisch ein Exemplar ihrer Neuerscheinungen nach Leipzig. Ein weiteres geht nach Frankfurt/Main, wo nach dem Zweiten Weltkrieg zunächst das westdeutsche Gegenstück zum Leipziger Haus entstand. Seit der Wiedervereinigung sind beide unter dem Dach der heutigen Deutschen Nationalbibliothek zusammengeschlossen.

Auf mehr als 39 Millionen Objekte ist der Bestand der Nationalbibliothek inzwischen angewachsen, zudem trudeln jeden Tag allein mehr als 2000 neue Bücher ein. Der Leipziger Magazinbestand belief sich 2021 auf etwa 400 Kilometer, und jährlich kommen zum Gedächtnis der Nation mehr als sechs Kilometer dazu.

Der außergewöhnlichen Atmosphäre dieser Präsenzbibliothek lässt sich besonders gut im großen Lesesaal Geisteswissenschaften nachspüren. Mit seinen wuchtigen Holztischen samt Leselämpchen und mächtigen, dunklen Bücherregalen ist er eine wahre Kathedrale des Lesens.

51° 19' 15"N 12° 23' 45"O

In der Deutschen Nationalbibliothek in Leipzig stehen acht Lesesäle zur Verfügung.

》Fragen

ANKOMMEN

1 Wie viele S-Bahn-Haltestellen zeigt der Kartenausschnitt?
2 An welcher S-Bahn-Haltestelle steigt man aus, um auf kürzestem Weg zur Deutschen Nationalbibliothek zu gelangen?
3 Naheliegend: Einmal bei der Deutschen Nationalbibliothek in Leipzig auf Besichtigungstour – welches Museum lässt sich gleich noch mitbesuchen?

AUFWÄRMEN

4 Leipzig ist Buchstadt. Bei dem gesuchten Ort hier handelt es sich jedoch um kein Lexikon, sondern um eine Straße sowie ein gleichnamiges Büro- und Ladenzentrum.
5 Nicht natürlich: ein grüner Ort, um über die Stadt zu blicken.
6 Wer nicht sehen kann, interessiert sich vielleicht gerade deshalb für diese zwei Orte.

DURCHSTARTEN

7 Wo in Leipzig können auch Ortsunkundige das sogenannte Musikviertel erahnen?
8 Früher Verteidigungsanlage, heute Veranstaltungsstätte – wohin gehen Leipziger Studierende oft auf einen Kaffee oder auf ein Konzert?

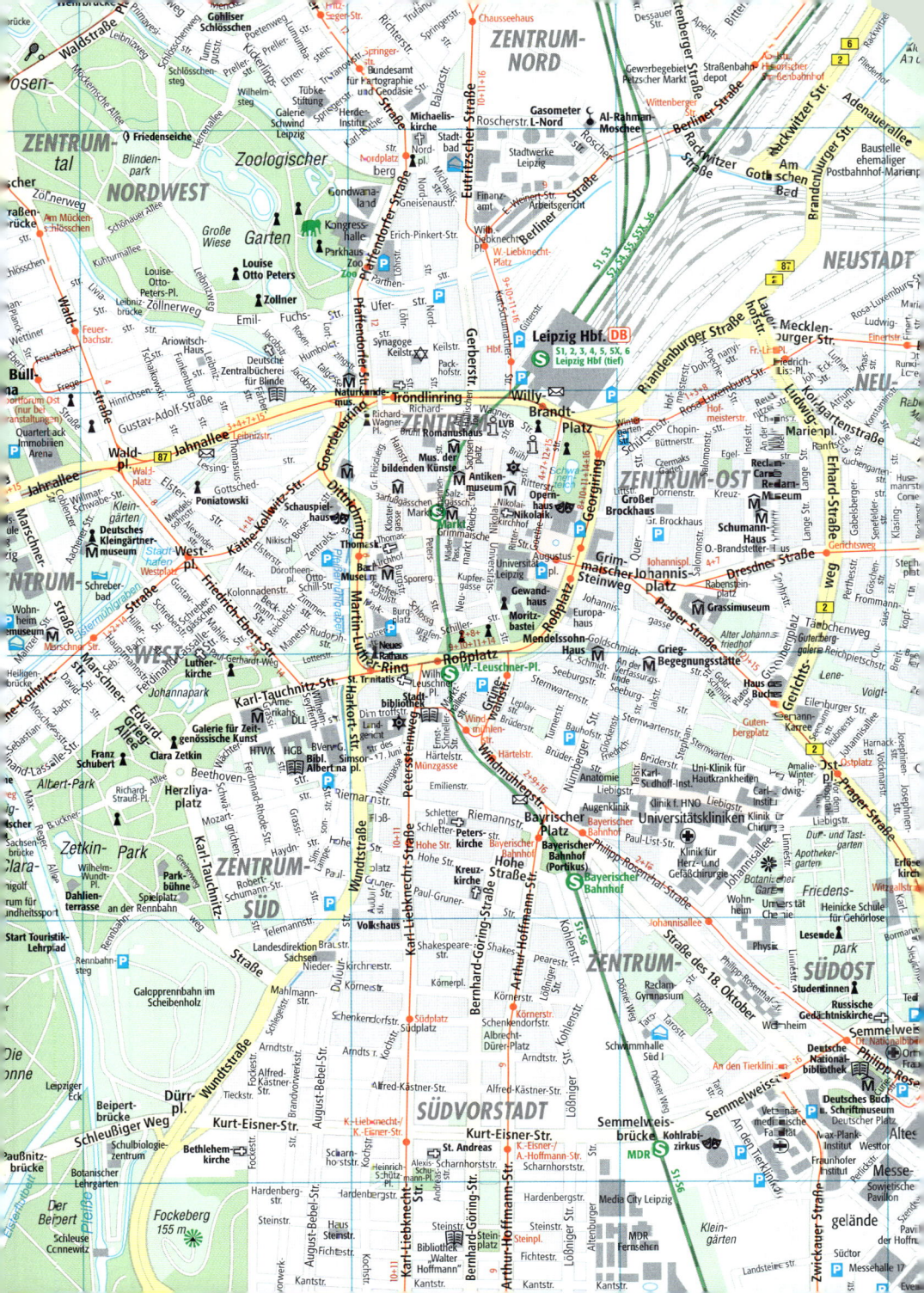

» losgelöst

Keine Eile in Halberstadt

Das Gefühl einer Zeitlosigkeit zu erleben, eine Verbundenheit mit dem Einst und dem, was werden wird, das ist durchaus möglich in der Burchardi-Kirche in Halberstadt. Man muss in den Gemäuern des ehemaligen Zisterzienserinnenklosters ein wenig nach ihr suchen, doch dann betritt man einen fast 1000 Jahre alten Sakralbau, der in seiner erhaltenen Grundstruktur mit hohen Wänden, Bögen, Säulen eine beeindruckende Erhabenheit ausstrahlt. An diesem Ort ertönt ein Klang. Man lauscht der Aufführung eines Orgelstücks, dem ORGAN^2/ASLSP des 1992 verstorbenen amerikanischen Komponisten und Avantgardekünstlers John Cage, der sein Werk absichtlich mit dem Zusatz »as slow as possible«, also »so langsam wie möglich« versah, ohne aber festzulegen, welche Zeitdimension er damit meinte. 2001 nahm ihn eine Gruppe von Kulturschaffenden beim Wort. Sie sicherten sich den ehemaligen Kirchenraum, ließen eine Orgel bauen und recherchierten, wie viele Jahre vergangen waren, seit im Halberstädter Dom die erste Großorgel eingeweiht wurde. Diese Zeitspanne spiegelten sie am aktuellen Datum, was das Jahr 2640 ergab. Die Dauer der Aufführung umfasst somit 639 Jahre! Das ist das John-Cage-Orgel-Kunst-Projekt, alle fünf bis 15 Monate erfolgt ein Tonwechsel – as slow as possible …

Lässt man sich in Ruhe darauf ein, wird ein einzigartiges Gefühl von Zeitlosigkeit spürbar. Für Eilige und Ungeduldige ist am Ausgang auch eine 74-minütige Kurzfassung des Werkes auf einem zeitgenössischen Datenträger des Jahres 2001 erhältlich.

51° 54' 04''N 11° 02' 30''O

Kirche des ehemaligen Zisterzienserinnenklosters St. Burchardi.

#》Fragen

ANKOMMEN

1 Welche Bundesstraße führt von Halberstadt nach Magdeburg?
2 Wie lautet der Name des Heidegebietes, das außer der Klötzer Heide noch auf der Karte zu finden ist?
3 Was erinnert in der Nähe der A2 an die ehemalige Grenze zwischen der Bundesrepublik Deutschland und der Deutschen Demokratischen Republik?

AUFWÄRMEN

4 Welche Bezeichnung trägt die Landschaft südwestlich von Magdeburg?
5 Nördlich von Magdeburg bei Zielitz hat ein Salzbergwerkbetreiber eine Abraumhalde aufgeschüttet, die weithin sichtbar weißlich schimmert. Wie wird diese im Volksmund genannt?
6 Welches ist die im Kartenausschnitt größte Stadt, die nördlich von Magdeburg an der Elbe liegt?

DURCHSTARTEN

7 Auf der Karte ist der Mittellandkanal zu sehen, eine Bundeswasserstraße, die seit 1915 den Dortmund-Ems Kanal mit der Elbe verbindet. Welchen Namen trägt die Wasserstraße, die den Mittellandkanal bis nach Berlin verlängert?
8 Am Wasserstraßenkreuz Magdeburg treffen Kanal und Elbe aufeinander. Dies geschieht in unterschiedlichen »Etagen«. Die Schiffe auf dem Kanal werden in einer Betonwanne, die mit Wasser gefüllt ist, über die Elbe hinweggeführt. Es ist ein interessantes Schauspiel, wie sie »über« den Schiffen, die auf dem Fluss verkehren, fahren. Ein Wechsel von dem einen in den anderen Wasserweg ist seitlich über Schleusen möglich. Was mögen die Gründe dafür sein, dass diese Kreuzung nicht »ebenerdig« angelegt wurde?

» ausgebacken

Hauchdünnes an der Elbe

Was ist so groß wie ein Suppenschüsselchen und zerbrechlicher als feinstes Meißner Porzellan? Die Meißner Fummel: ein hauchdünnes, oblatenartiges Gebäck, bei dem zwei Teigplatten aufeinandergelegt und ausgebacken werden, die dann ballonartig und groß aufgehen. Schmecken tut es nach kaum etwas. Dennoch hat das puderzuckerbestäubte Gebäck am hiesigen Elbufer eine Art Kultstatus erreicht.

Die Fummel wurden erfunden, um einen kurfürstlichen Boten zu disziplinieren und von allzu ausgiebiger Einkehr und allerlei Techtelmechteln abzuhalten. Bei August dem Starken nämlich, Kurfürst von Sachsen, kam die Post aus Meißen wohl oft recht lädiert an. Einen rechten Reim konnte sich auf diesen Umstand niemand machen, übermäßiger Alkoholgenuss stand jedoch schnell im Verdacht. Kurzerhand wurden die Meißner Bäcker beauftragt, ein hauchdünnes Gebäck zu kreieren, das bei der geringsten Unachtsamkeit zerbräche. Ein solches sollte der Bote bei seinen Gängen fortan in Meißen unversehrt in Empfang nehmen und ebenso heil in Dresden abliefern. So oder so ähnlich erzählt es jedenfalls die Legende.

Bis heute gibt's die Fummel in genau einer Meißner Bäckerei zu kaufen. Folgt man kulturwissenschaftlichen Deutungen, könnte das Gebäck seinen wahren Ursprung in der orientalischen Küche haben. Schließlich war alles Morgenländische und speziell Türkische zu Augusts Zeiten am sächsischen Hof sehr geschätzt. Die Gebrüder Grimm jedenfalls sahen in der Gebäckform gewissermaßen den türkischen Halbmond zitiert.

51° 09′ 54″N 13° 28′ 12″O

Über der Elbe: der Schlossberg mit der Albrechtsburg.

» Fragen

ANKOMMEN

1 Wie viele Kirchen finden sich in der Karte?

2 Nur von einer dieser Kirchen lässt sich auf den ersten Blick der Name in der Karte finden. Wie lautet dieser?

3 Die Konditorei, in der die Fummel gebacken werden, liegt (westlich) an dem Platz, der sich dort öffnet, wo Hohlweg und Burgstraße aufeinandertreffen. Hat dieser Platz einen Namen?

AUFWÄRMEN

4 Vom Platz aus Frage 3 geht's direkt nach Osten, an der nächsten Möglichkeit rechts und bis zum Ende dieser Straße, dann nach links. Welches Bauwerk könnte das Ziel sein?

5 Vom Ausgangspunkt der Frage 4 bis zur Mitte des dort gesuchten Bauwerks; wie viele Meter Luftlinie sind es in etwa?

6 Meißen ohne Porzellan. Ja? Nein? Vielleicht? Doch ist die Porzellan-Manufaktur in dem Kartenausschnitt auffindbar?

DURCHSTARTEN

7 Lange vor dem Porzellan bestimmte vor allem die Tuchmacherei über einen großen Zeitraum die wirtschaftlicher Geschicke der Stadt. An wie viele Handwerke oder Zünfte insgesamt erinnern die in der Karte genannten Straßennamen?

8 Von der Innenstadt kommend die Justusstufen nehmend – geht's hinauf oder hinunter?

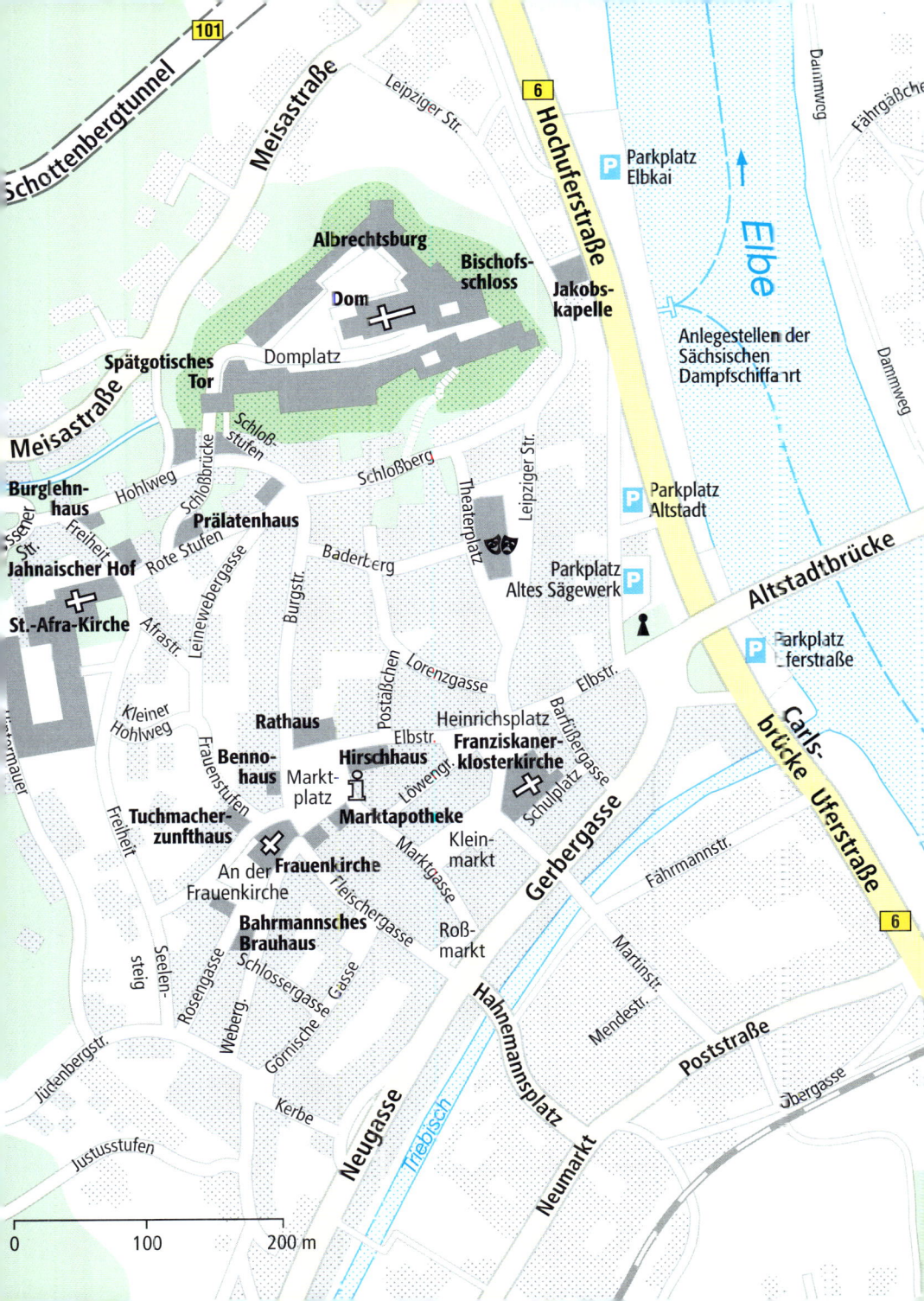

101

Schottenbergtunnel

Meisastraße

Leipziger Str.

6

Hochuferstraße

Dammweg

Fährgäßche

P Parkplatz
Elbkai

Albrechtsburg

**Bischofs-
schloss**

**Jakobs-
kapelle**

Dom

Elbe

Domplatz

**Spätgotisches
Tor**

Meisastraße

Schloß-
stufen

Anlegestellen der
Sächsischen
Dampfschifffahrt

Schloßberg

Hohlweg

Schloßbrücke

Schloßberg

Theaterplatz

Leipziger Str.

P Parkplatz
Altstadt

**Burglehn-
haus**

egener
Str.

Freiheit

Prälatenhaus

Rote Stufen

Leinewebergasse

Baderberg

Dammweg

Altstadtbrücke

Jahnaischer Hof

Afrastr.

Burgstr.

**Parkplatz
Altes Sägewerk** **P**

St.-Afra-Kirche

Kleiner
Hohlweg

Lorenzgasse

Postgäßchen

Heinrichsplatz

Elbstr.

Barfüßergasse

P Parkplatz
Uferstraße

Carls-
brücke Uferstraße

Rathaus

Elbstr.

**Franziskaner-
klosterkirche**

Frauenstufen

**Benno-
haus**

Hirschhaus

Markt-
platz

Löwengr.

Schulplatz

Gerbergasse

Fährmannstr.

Klostermauer

Freiheit

**Tuchmacher-
zunfthaus**

Marktapotheke

Klein-
markt

6

An der
Frauenkirche

Frauenkirche

Marktgasse

Martinstr.

Fleischergasse

Roß-
markt

Mendestr.

**Bahrmannsches
Brauhaus**

Seelen-
steig

Rosengasse

Schlossergasse

Görnische Gasse

Weberg.

Hahnemannsplatz

Poststraße

Jüdenbergstr.

Kerbe

Neugasse

Triebisch

Neumarkt

Obergasse

Justusstufen

0   100   200 m

#》aufkartiert

Alle Wege führen nach Gotha

Um den Titel »Mittelpunkt Deutschlands« streiten sich Gemeinden in Thüringen, Niedersachsen und Hessen. Weil es keine einheitliche Definition gibt, wie man den geografischen Mittelpunkt eines Landes ermittelt, wird das Thema auch zukünftig umstritten bleiben. Übereinstimmung dagegen besteht in Fachkreisen über das »Geografische Zentrum der Welt«, das in Gotha liegt.

Dieser Konsens beruht nicht auf mathematische Berechnungen, sondern ist dem Verlag Perthes zu verdanken, der seit dem 19. Jahrhundert seinen Sitz in der Stadt hat und dabei die Kunst der Kartenherstellung zur Perfektion trieb. Hier befand sich im 19. und zu Beginn des 20. Jahrhunderts die zentrale geografische Anlaufstelle, wo sich Forschungsreisende vor Beginn ihrer Expedition über den letzten Stand des geografischen Wissens informierten und nach der Rückkehr ihre neu kartierten Entdeckungen hinterließen. Perthes setzte den Standard in der Farbgebung von Karten – Meere wurden fortan blau, Tiefland grün und Berge braun dargestellt – und entwickelte neben Atlanten auch großformatige Wandkarten, die wegen ihrer hohen Plastizität besonders in Schulen verwendet wurden. Während der DDR-Zeit wurde Perthes in VEB Hermann Haack umbenannt und nach der Wiedervereinigung übernahm ein anderer Verlag die Namen Perthes und Haack. Geblieben ist in Gotha das Archiv, die Sammlung Perthes, mit über 200 000 Karten, Druckplatten und Expeditionsberichten. Ein einzigartiger Schatz für Forscher und interessierte Laien weltweit.

50° 56' 53"N 10° 42' 42"O

Blick von Schloss Friedenstein auf den Hauptmarkt in Gotha.

#》Fragen

ANKOMMEN

1 Auf der Karte ist der südöstliche Teil von Thüringen abgebildet. Welches bekannte Mittelgebirge erhebt sich im Zentrum des Ausschnittes?

2 Liegt die Wartburg nördlich oder südlich von Eisenach?

3 Welche Autobahn verbindet Arnstadt mit Meiningen?

AUFWÄRMEN

4 Zwischen Ilmenau und Suhl »verliert« die Autobahn aus Frage 3 auf der Karte plötzlich stellenweise ihre Farbe. Was bedeutet das?

5 Welche außergewöhnliche Attraktion hält der einzige Nationalpark in Thüringen bereit?

DURCHSTARTEN

6 Besonders südlich und westlich von Erfurt tauchen Ortsnamen auf der Karte auf, die eine identische, deutschlandweit aber eher ungewöhnliche Endung aufweisen. Wie lautet diese Endung?

7 Auf dem Kamm des Mittelgebirges aus Frage 1 verläuft ein berühmter Weitwanderweg. Er ist auf der Karte zwar nicht eingezeichnet, aber einige Orte an der Strecke tragen seinen Namen.

8 Fährt man auf der B88 von Eisfeld nach Sonneberg, überquert man zwischen Schalkau und Grümpen auf der Karte eine wenig gekrümmte grau-weiße Linie nach Norden. Wo endet diese und was könnte sie darstellen?

》sternenklar

Nachtaktiv in der Rhön

Verblassen der Tag und die Blaue Stunde, zeigt sich in der Rhön mitunter ein ganz besonderer Schatz: Hoch oben am klaren Nachthimmel glänzen und leuchten Tausende von Sternen. Selbstverständlich ist dieses Spektakel am Firmament in unseren Breiten längst nicht mehr – zu stark die Beleuchtung in Mitteleuropa, die über größere Orte wie eine regelrechte Lichtglocke gestülpt ist, zu groß die Lichtverschmutzung. Anders in der Rhön: Das Mittelgebirge im Herzen Deutschlands ist vergleichsweise dünn besiedelt und auch Industriebetriebe gibt's wenige. Für den außerordentlich natürlichen Nachthimmel verlieh die International Dark-Sky Association der Rhön 2014 den Titel Internationaler Sternenpark. Parkeingänge findet man dort nicht; stattdessen geht man einfach ins Freie und schaut hinauf in die Tiefen des Weltalls. Am besten bei Neumond.

Neben dem einen oder anderen Sternenbild ist auch die Milchstraße bald entdeckt. Nach den Schätzungen von Wissenschaftlern bilden 300 Milliarden Sterne diese spiralförmige Galaxis. Ganz allein ist man bei derlei Beobachtungen nicht. Hier tummeln sich nachtaktive Tiere wie die Fledermaus, der Waldkauz, der Igel oder im Juni das Glühwürmchen, die sich alle dank perfekt angepasster Sinnesorgane bestens in der Dunkelheit zurechtfinden. Immer mehr setzt sich das Bewusstsein durch, dass die nächtliche Dunkelheit und vor allem die Sichtbarkeit der Milchstraße schützenswerte Kulturgüter sind. Inzwischen hat sich sogar eine Recht-auf-Dunkelheit-Bewegung formiert.

50° 34' 21"N 10° 00' 12"O

Nachthimmel über der Wasserkuppe.

» Fragen

ANKOMMEN

1 Welches dritte Bundesland erstreckt sich neben Bayern und Thüringen auch hinein in die Rhön?

2 Die Grenze zu Thüringen war bis 1989 gleichzeitig Teil der innerdeutschen Grenze. Nahe dem Dreiländereck beulte sich Thüringen regelrecht in den ehemals amerikanischen Sektor. Welcher thüringische Ort liegt in diesem sehr eigenwilligen Grenzverlauf bzw. in diesem »Zipfel«?

AUFWÄRMEN

3 Heute von dem in Frage 2 gesuchten Ort auf direktem Weg nach Hessen fahrend, erreicht man welche Gemeinde als Erstes?

4 In welchem Ort kann man die Regionalbahn aus Fulda nehmen, um von hessischer Seite zum Dreiländereck zu gelangen?

5 Wie heißt der höchste Berg der Rhön, der sich in der Nähe des in Frage 4 gesuchten Ortes befindet?

DURCHSTARTEN

6 Wie ist die Bezeichnung für den südlichsten Teil der Rhön?

7 Welcher Fluss fließt von Ost nach West – und stellte damit ein Problem für den DDR-Grenzschutz dar?

≫ aufgestockt

Hausbau in Frankfurt am Main

Möchte man die zwölf höchsten Häuser des Landes ihrer Reihenfolge nach besuchen, kann man das an einem einzigen Tag erledigen und braucht dazu noch nicht einmal ein Auto oder einen Zug. Gutes Schuhwerk reicht und die richtige Stadt natürlich: Frankfurt am Main.

Angefangen hat das Ganze hier in den Zwanzigerjahren des letzten Jahrhunderts mit dem Mousonturm und dem I.G.-Farben-Haus. Damals mit 33 bzw. 35 Metern einzigartig hoch, sind sie heute noch nicht einmal in Reichweite dessen, was man Wolkenkratzer nennt. Zwar gibt's hierfür keine exakte einheitliche Definition, doch landläufig handelt es sich dabei um ein Wohn- oder Bürogebäude mit einer Höhe von mehr als 150 Metern. Deutschland hat derzeit 18 Stück davon, vier weitere sind geplant, und stünde auf der Liste dazwischen nicht die Nummer 13, der Post Tower (Sitz der Deutschen Post und DHL) in Bonn, so wären sie alle am Main beisammen, im Zentrum der deutschen und europäischen Finanzwelt. Mittlerweile haben sich die Bewohner der Stadt an den Kontrast des modernen »Mainhattan« zu dem ansonsten gemütlicheren Frankfurt mit durchaus auch kleinen Fachwerk- bauten und einladenden »Äppelwoi«-Kellern gewöhnt. Doch fragt man sie nach ihrem Lieblingshaus in der Innenstadt, fällt die Wahl oft auf ein Ge- bäude, das nicht einmal zehn Meter hoch ist. Ein Ort voller Geschichte mit netten umliegenden Cafés. Welches Haus das ist, verrät der Schnittpunkt der beiden am Rand der Karte angedeuteten Koordinatenlinien.

50° 06' 48"N 08° 40' 44"O

Die wohl bekannteste Skyline Deutschlands – Frankfurter Finanzviertel.

#》 Fragen

ANKOMMEN

1 Wie viele Brücken und wie viele (Fußgänger-)Stege führen innerhalb des Kartenausschnitts über den Main?

2 Welches Museum ist von Wasser umgeben?

3 Rund um das Kunstmuseum Städel am südlichen Mainufer hat sich in den letzten Jahrzehnten eine bedeutende und vielseitige Museumsmeile entwickelt. Wohin würde man sich begeben, wenn man mehr über Romy Schneider oder Rainer Werner Fassbinder wissen möchte?

AUFWÄRMEN

4 Wo muss man umsteigen, wenn man am Merian-Platz die U-Bahn U4 nimmt und in die Alte Oper möchte?

5 Auf dem Plan ist eine schmale, halbkreisförmige, durch die Innenstadt verlaufende Grünflächenanlage zu erkennen, die am Fluss im Westen als Untermainanlage beginnt und im Osten als Obermainanlage endet.
a) Welche Fließrichtung hat der Main auf der Karte?
b) Was spiegelt diese Grünflächenanlage in ihrem Verlauf eigentlich wider?

6 Zu welchem großen deutschen Künstler gelangt man, wenn man an Beethoven, Heine und Schiller vorbeigeht?

DURCHSTARTEN

7 In welchem Gebäude unweit des Rathauses am Römer steht die Wiege der Demokratie in Deutschland?

8 Ein bisschen Gehirnjogging: Der Commerzbank Tower (Ecke Neue Mainzer Straße/Große Gallus Straße) war mit seinen 259 Metern von 1997 bis 2012 und in den Jahren 2020 bis 2021 zugleich auch höchstes Gebäude in der Europäischen Union. Kann man aus den Zahlen schließen, in welcher Stadt der Rekordhalter in den Jahren 2013 bis 2019 steht?

❯❯ eingegraben

Die Schleifen bei Cochem

Wenn sie bei einem Ausflug an einem sonnigen Spätsommertag ihren Blick über das malerische Moseltal schweifen lassen, wird den meisten Menschen kaum in den Sinn kommen, dass sie hier das Werk von bisher über 500 000 Jahren Flussarbeit betrachten. Im Prinzip ist es das Ziel eines jeden Fließgewässers, sich auf den Weg ins Meer zu machen. Dabei stellen sich ihm nicht selten Hindernisse in den Weg.

Für das Gewässer, das wir heute Mosel nennen, waren das Eifel und Hunsrück. Damals versperrten sie noch als eine Einheit innerhalb des Rheinischen Schiefergebirges den direkten Weg Richtung Koblenz und dem Rheintal und besaßen zudem die unangenehme Eigenschaft, durch tektonische Prozesse im Untergrund permanent weiter in die Höhe gedrückt zu werden. Besonders stark war die Hebung im Bereich südwestlich der heutigen Stadt Cochem. Die Mosel hatte in dem Abschnitt zwischen Trier und Cochem kaum noch Gefälle und begann deswegen in großen, weit ausladenden Schleifen zu mäandrieren – man könnte fast sagen, nach einem Ausweg zu suchen. Den fand sie schließlich vor einer halben Million Jahre und grub sich seitdem in ihr heutiges Bett über 200 Meter tief ein. Ganz nebenbei schuf sie die Form von Talhängen, die bereits die Römer zur Anpflanzung von Weinreben verleiteten. Eigentlich wäre es durchaus angebracht, beim nächsten Ausflug dorthin einmal ein Glas zu erheben und einen Toast auszusprechen auf diese einzigartige Landschaft und auf dessen Modellierer!

50° 02′ 50″N 07° 07′ 42″O

Die Moselschleife bei Bremm.

》Fragen

ANKOMMEN

1 Welcher wegen seines Namens schon einmal umstrittene Flughafen ist auf der Karte zu erkennen?
2 Auf welcher spektakulären Konstruktion können schwindelfreie Menschen den Mörsdorfer Bach westlich von Kastellaun überqueren?
3 Welcher Nationalpark ist auf der Karte gerade noch am Rand erkennbar?

AUFWÄRMEN

4 Welcher Wanderweg von 345 Kilometer Länge entlang der Mosel von der deutschen Grenze (südwestlich des Kartenausschnittes) bis zur Mündung in den Rhein bei Koblenz (nordwestlich des Kartenausschnittes) eignet sich am besten, um die ausladenden Schleifen des Flusses zu genießen?
5 Welche Zeugnisse der Römer belegen, dass sie an der Mosel bereits Weinbau betrieben haben?

DURCHSTARTEN

6 Wo waren an der Mosel zwischen 1964 und 1988 15 Milliarden Deutsche Mark versteckt?
7 Auf der Karte ist im südlichen Abschnitt der höchste Berg des Hunsrücks eingetragen. Wie heißt er und welche Höhe hat er?
8 Gehirnjogging: Kann man die komplette Mosel von Koblenz im Nordosten bis Trier im Südwesten mit der Eisenbahn befahren? Welchen Hinweis gibt die Streckenführung?

》stillgelegt

Europäische Industriekultur in Völklingen

Als Ende des 19. Jahrhunderts die europäische Industrialisierung in vollem Gange war, stieg der Bedarf an Gusseisen und Stahl stark an: Überall wollten Eisenbahnschienen verlegt und Hochhäuser gebaut werden. 1873 wurde eines der alsbald bedeutendsten Eisenwerke Deutschlands – die Völklinger Hütte – gegründet. In einem aufwendigen Verfahren gewann man aus Eisenerz in sechs leistungsfähigen, riesigen Hochöfen Eisen; die dazu notwendigen Technologien waren immer führend und oft patentiert.

Nach zwei ebenfalls nach Stahl gierenden Weltkriegen und den Wiederaufbaujahren setzte 1975 die europäische Stahlkrise ein. 1986 wurden die Hochöfen der Völklinger Hütte stillgelegt und damit die Produktion von Roheisen eingestellt. Plötzlich war die Hütte kaum mehr als ein riesiger Haufen Schrott und selbst zum Abriss zu kostspielig.

1994 dann der Ritterschlag: Die UNESCO bewertete die Völklinger Hütte als kulturelles Erbe der Menschheit. Als Ort der Arbeit und Produktion war der rostbraune Koloss damit die erste großtechnische Anlage aus dem 19. Jahrhundert, die den begehrten Welterbetitel trägt. Heute ist das Industriedenkmal für die Öffentlichkeit zugänglich, und es finden hier regelmäßig Kulturveranstaltungen statt. Das Erscheinungsbild der Hütte entspricht noch immer dem der 1930er-Jahre. In eingeweihten Kreisen gilt die Völklinger Hütte als das bestinszenierte Industriedenkmal der Welt. In jedem Fall ist sie ein besonders geeigneter Ort, um europäische Industriekultur zu begreifen und zu erleben.

49° 14' 56"N 06° 50' 38"O

》Fragen

ANKOMMEN

1 Wie viele Autobahnbrücken führen im Kartenausschnitt über die Saar?

2 Wie heißt der einzige namentlich erwähnte Berg im Kartenausschnitt?

AUFWÄRMEN

3 Wie viele Orte mit dem Suffix »-weiler« finden sich in den horizontal gleichen Planquadraten wie der in Frage 2 gesuchte Berg?

4 Welcher Wohn- und Wehrbau im Kartenausschnitt ist unverkennbar Namensgeber einer Stadt?

DURCHSTARTEN

5 Schon sehr lange werden entlang der Saar Eisenerz und andere Rohstoffe abgebaut. Welche heutige Besucherattraktion weist darauf hin?

6 Welche Autobahn im Kartenausschnitt hat ihr eines Ende im Saarland und das andere an der Grenze zu Österreich?

7 Gehirnjogging: Der Saarradweg verläuft in großen Teilen links der Saar. Das wissend: Ist es eher wahrscheinlich oder unwahrscheinlich, einen Abstecher zum Saarpolygon machen zu können, ohne eigens dafür eine Flussquerung einzuplanen?

» angehängt

Alte Bahngleise im Bliesgau

»Allerdurchlauchtigster, Großmächtigster König! Allergnädigster König und Herr! ...«, hieß es zeitgemäß schwülstig in dem im Sommer 1868 an den bayerischen König (und in seiner Vertretung an die Königliche Regierung der Pfalz) adressierten Gesuch zum Bau einer Bahnstrecke durch den Bliesgau. Bis zur Fertigstellung dieser knapp 40 Kilometer langen Trasse zwischen Bierbach und Sarreguemines vergingen noch elf Jahre, was vor allem dem Deutsch-Französischen Krieg und veränderten Prioritäten geschuldet war.

Einmal eröffnet, zeigte die Bliestalbahn Wirkung: Sie belebte die Wirtschaft in der Region und einige Bliesgauer Unternehmen konnten sich überhaupt erst durch die Bahn zu ihrer späteren Größe entwickeln. Auch verkürzte die Zugverbindung die Fahrtzeiten der Berg- und Industriearbeiter. Sie konnten nun statt nur am Wochenende jeden Abend zu ihren Familien nach Hause kommen. Zudem erreichten Kinder leichter die weiterführenden Schulen.

Um Reisende mitzunehmen, hängte man anfangs kurzerhand einen Personenwagen an den Güterzug. Auf einzelnen Abschnitten endete der Personenverkehr schon in den 1950er-Jahren wieder, endgültig stillgelegt wurde die Trasse 1997. Doch auch heute noch kann man den alten Kilometersteinen folgen. Denn längst ist die ehemalige Bahntrasse in einen Rad- oder vielmehr Freizeitweg umgewandelt, auf dem sich in die Pedale tretend, inlineskatend oder spazierend der Bliesgau erkunden lässt – bahntrassentypisch mit meist moderaten Steigungen und Gefällen.

49° 14' 14''N 07° 15' 36''O

Streuobstwiese bei Wolfesheim

≫ Fragen

ANKOMMEN

1 Welche Autobahnen kreuzen sich in der Karte?

2 Kreuzt eine der in Frage 1 gesuchten Autobahnen die Blies?

3 Ein Blick in Planquadrat J7: Wie oft ist hier die Nachsilbe »-heim« zu finden?

AUFWÄRMEN

4 Wie heißt das großräumige Schutzgebiet, das in dem Kartenausschnitt erkennbar ist?

5 Hinkelsteine – längliche und besonders hohe Einzelsteine, meist aus Granit und höchstens grob bearbeitet – haben die Menschen vielerorts aufgestellt. Wie heißt einer, der im Kartenausschnitt zu finden ist?

DURCHSTARTEN

6 In der Karte ist auch der Europäische Kulturpark Bliesbruck-Reinheim eingezeichnet. Was legt sein Name nahe?

7 Bis heute stehen Kopfweiden an einem – in der Karte nicht eingezeichneten – kleinen Fließgewässer. Die Blätter der Kopfweide erinnerten die Menschen einst an die Blätter eines anderen, steinobsttragenden Baumes. Das Fließgewässer haben sie sodann nach jenen Bäumen, statt nach den Kopfweiden, benannt. Heute heißt eine ganze Region so. Welcher Name ist gesucht?

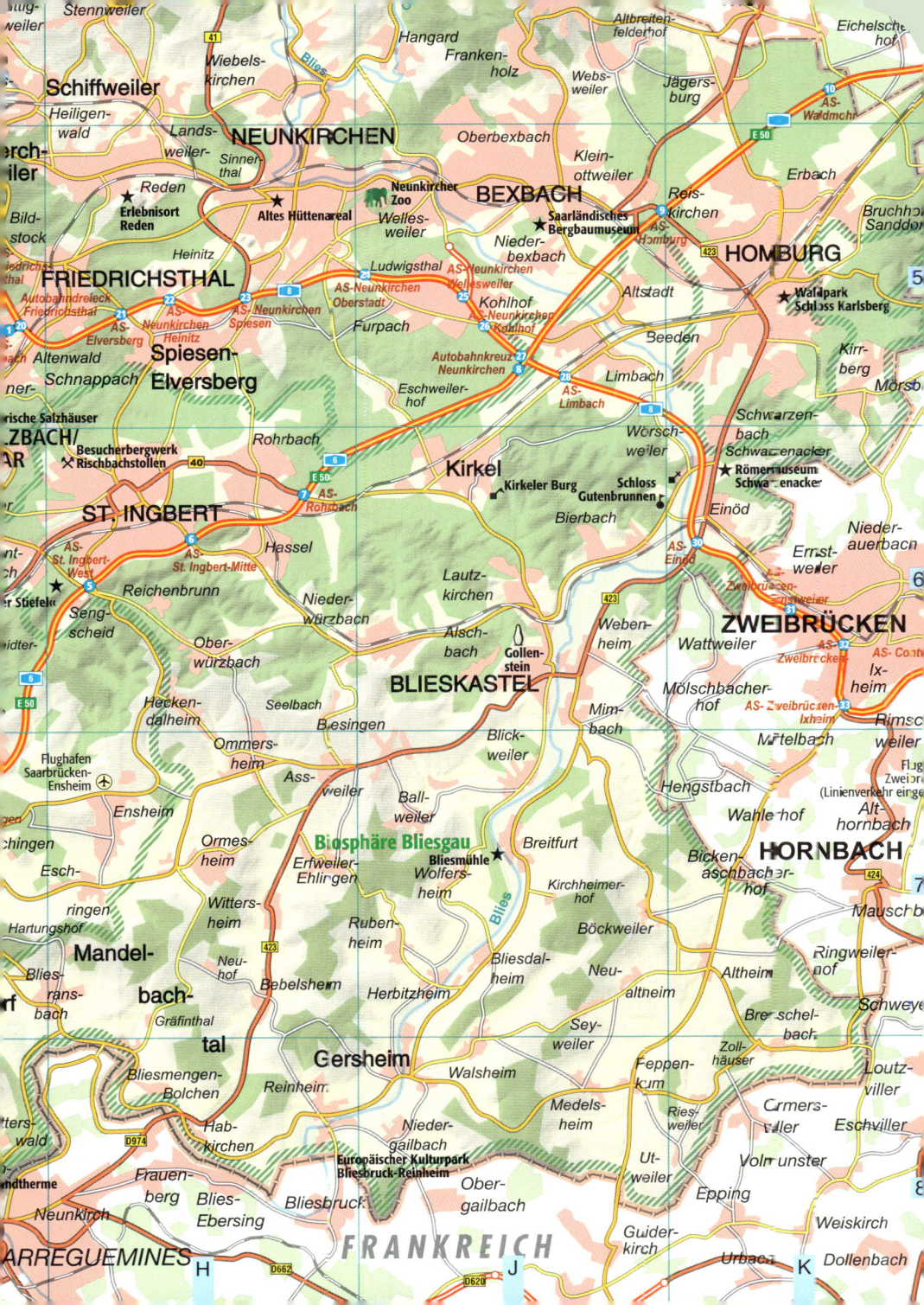

≫ ausbalanciert

Auf zwei Rädern in Mannheim

Am 12. Juni 1817 schob Karl Drais aus seinem Wohnhaus in der Mannheimer Innenstadt ein neuartiges Gefährt: zwei hintereinanderstehende, metallbeschlagene Wagenräder, verbunden durch ein stabiles Gestell aus Eschenholz. Ein Ledersattel als Sitz, vorne ein Lenkhebel. Um sich in Bewegung zu setzen, saß Drais auf und stieß abwechselnd mit den Füßen vom Boden ab. Mit diesem Urahn des Fahrrads flitzte er nahe dem Mannheimer Schloss los. Er nahm die große Chaussee hinaus zum sieben Kilometer entfernten Schwetzinger Relaishaus, einer einstigen Rast- und Pferdewechselstation für den kurfürstlichen Hof. Zurück war er nach einer Stunde, was einer Durchschnittsgeschwindigkeit von 15 Stundenkilometern entspricht. Eine beachtliche Leistung, zumal seine Laufmaschine, die er an jenem Donnerstag erstmals ausprobierte, 50 Pfund wog. Gegenüber Gehenden verdreifachte er damit die Geschwindigkeit, darüber hinaus war er deutlich rascher als die Postkutsche.

Drais' »Fahrmaschine ohne Pferd« fand schnell Anklang. Weil jedoch die Straßen in einem miserablen Zustand waren, wichen die frühen Radpioniere auf Fußwege aus, wo Konflikte vorprogrammiert waren. Alsbald verboten die Behörden das Fahren auf den Gehsteigen. Einzig im Schlossgarten war es einige Jahre erlaubt, Laufräder zu benutzen.

Bis das Rad seinen eigentlichen Durchbruch schaffte, vergingen noch einige Jahrzehnte und es brauchte die Ideen anderer Tüftler: 1861 kamen Tretkurbeln an das Vorderrad, später wurde das Gefährt luftbereift und erhielt eine Fahrradkette. – Längst ist das Leben ohne Fahrrad für viele undenkbar.

49° 29' 07"N 08° 27' 53"O

Liegt an der Innenstadt-Radelstrecke: das Mannheimer Schloss, eines der größten Barockschlösser Europas.

》Fragen

ANKOMMEN

1   Wie viele Brücken führen im Kartenausschnitt über den Neckar?

2   In Mannheims Innenstadt finden sich nur wenige herkömmliche Straßennamen. Stattdessen sind die quadratisch ausgerichteten Wohnblöcke mit
Buchstaben-Zahlen-Kombinationen versehen. Wie viele Buchstaben finden
insgesamt Verwendung?

3   Das Wohnhaus von Karl Drais stand im heutigen Quadrat M1 und trug die
Nummer 8. Gleich ums Eck, unter der heutigen Adresse M1, Nummer 10,
lebte der Bassist der kurpfälzischen Hofoper, Fridolin Weber, mit seiner
Frau und drei Töchtern. In eine von ihnen, Aloysia, verliebte sich Wolfgang
Amadeus Mozart und heiratete sie später. In A4 befindet sich die Jesuiten-
kirche, die Mozart wiederum während seiner Mannheimer Aufenthalte für
Gottesdienste aufsuchte. Wie weit war die Kirche vom Weberschen Wohn-
haus entfernt?

AUFWÄRMEN

4   Auf welchen Fluss schauten Drais und die ersten Radpioniere, wenn sie
durch den Schlossgarten sausten?

5   Welches Gebäude im Schlossgarten suchen heute viele Schulklassen auf?

DURCHSTARTEN

6   Grenzüberschreitend: Was überschreitet man, wenn man von in Frage 5 ge-
suchtem Ort über die Konrad-Adenauer-Brücke nach Ludwigshafen geht?

7   Nicht nur die Geschichte des Fahrrads nahm in Mannheim ihren Lauf.
An welchen anderen Mobilitätstüftler, der im Quadrat T6 zunächst eine
»Eisengießerei und mechanische Werkstätte« gegründet hatte und mit
dem Patent Nummer 37 435 in die Annalen einging, erinnert eine Straße
im Kartenausschnitt?

» eingeschlagen

Die Senke des Nördlinger Ries

Von der Aussichtsplattform des Kirchturms von St. Georg in Nördlingen hat man einen guten Blick auf die von den Höhen der Schwäbisch-Fränkischen Alb umgebene nahezu kreisrunde Senke. Dieses sogenannte Nördlinger Ries, etwa 25 Kilometer breit und 60 Meter tief, ist seit 2006 als Nationaler Geopark ausgewiesen mit dem Ziel, sein weltweit einzigartiges geologisches Naturerbe einem größeren Publikum zugänglich zu machen.

Lange Zeit ging man fälschlicherweise davon aus, dass es sich bei der Senke um den Krater eines ehemaligen Vulkans handeln müsse, bis 1960 der amerikanische Wissenschaftler Eugene Shoemaker bei Untersuchungen vor Ort das in der Erdkruste sehr selten vorkommende Mineral Coesit nachwies. Um dieses zu erhalten, muss man das Mineral Quarz einem Druck von mindestens 350 000 Atmosphären aussetzen. Das schafft kein Vulkan dieser Erde, sondern nur ein Asteroid, der aus dem Weltraum kommend mit enormer Wucht auf der Erdoberfläche einschlägt. Dieser Einschlag, so ergab die Analyse, muss vor etwa 15 Millionen Jahren stattgefunden und dabei im Umkreis von 300 Kilometern jegliches Leben vernichtet haben. Gleichzeitig wurden viele Millionen Tonnen Gestein pulverisiert, fielen als glühende Asche wieder herunter und verbanden sich mit dem am Boden geschmolzenen Material zum sogenannten Suevit, einem sehr seltenen Gestein. Dieses neu gebildete Gestein eignet sich hervorragend als Baumaterial und seine Verwitterung sorgt für die Bildung äußerst fruchtbarer Ackerböden.

48° 51′ 03″N 10° 29′ 18″O

Blumenwiese und Magerrasen am Kraterrand bei Öttingen.

#》Fragen

ANKOMMEN

1 Welche Bundesstraße ist die kürzeste Verbindung von Nördlingen nach Nürnberg?

2 Zu welchem Schloss gelangt man, wenn man von Wassertrüdingen aus gen Norden fährt?

3 In welches Museum würde man sich möglicherweise begeben, wenn man sich für Fischzucht interessiert?

AUFWÄRMEN

4 Welcher bedeutende Kanal im europäischen Gewässernetz ist auf der Karte abschnittsweise zu sehen?

5 Ein öfters diskutierter Fluss durchquert die Karte in südöstlicher Richtung.

6 Nach welchem Sportler hat die Stadt Nürnberg 2017 ihr Fußballstadion umbenannt?

DURCHSTARTEN

7 Östlich bis südöstlich von Treuchtlingen liegt ein Ort, der berühmt wurde durch eine bekannte Redensart.

8 Zu welchem Schluss gelangt man, wenn man sich die Anzahl der auf der Karte eingetragenen Schlösser, Burgen und Ruinen anschaut?

〉nachgeeifert

Eine Wanderung in Bamberg

Stadtbesichtigung oder Bergwanderung? In Bamberg braucht man sich nicht entscheiden, beides ist zugleich möglich. Denn unter Heinrich II. wurde im 11. Jahrhundert die Idee verfolgt, Bamberg als fränkisches Abbild von Rom auf sieben Hügeln zu bauen. Bis heute sind die hochmittelalterlichen Stadtstrukturen außergewöhnlich intakt. Vergleichbares findet sich in dieser Größe und derart gut erhalten in Deutschland und ganz Europa nicht.

Einige der sieben Hügel sind gar nicht (mehr) unbedingt auf den ersten Blick als solche erkennbar und man droht wandernd mitunter schon fast in den Steigerwald abzudriften. Um das zu vermeiden, könnte man die Berge aber gleich zu Beginn in der Karte einzeichnen: Domberg, Jakobsberg sowie den Berg, auf dem die Altenburg gebaut wurde. Außerdem Abtsberg, Michelsberg, Stephansberg und Kaulsberg.

Die meisten dieser sieben Bamberger Berge zieren eindrucksvolle Bauten: hier der Dom, da die Jakobskirche, ein Stück weiter draußen die wuchtige Altenburg. Dann noch das ehemalige Benediktinerkloster und das einstige Karmeliterkloster. Etwas anders stehen die Dinge auf dem Abtsberg, wo sich neben einer Wohnsiedlung gelegen weite Streuobstwiesen finden. Auf dem Stephansberg wiederum lässt sich ein Bier trinken, wozu man wie in Franken üblich »auf den Keller« geht. – Was nun ein wirklich passabler Abschluss einer solchen Stadtbesichtigung ist. Ach nein: der Bergwanderung!

49° 53′ 30″N 10° 53′ 12″O

Kloster St. Michael in Bamberg.

》Fragen

ANKOMMEN

1 Wie viele Museen/Ausstellungshäuser sind in der Karte eingezeichnet?

2 Der Aufzählung im Text folgend: In welcher Richtung wandert man über die sieben Hügel Bambergs – im Uhrzeigersinn oder entgegengesetzt?

3 Welches »spezielle« Bier wird besonders oft auf dem Stephansberg empfohlen?

4 Ganz ohne (zu viel) Alkohol: Wo lassen sich noch Sterne sehen?

AUFWÄRMEN

5 Wohin soll's gehen, wenn man ein Gebäude »im Wasser« aufsuchen soll?

6 Ein besonders ausgewogenes und friedliches Grün ist gesucht.

7 Neben Berg- und Inselstadt ist die Gärtnerstadt der dritte Teil der historischen Altstadt von Bamberg. Welches Bauwerk verspricht einen besonders guten Blick in die namensgebenden Gemüsegärten?

DURCHSTARTEN

8 Der Kartenmaßstab ist 1:13 500. Wie weit ist es Luftlinie vom Spezialkeller zum Bierkeller Greifenau?

9 Welchen Baum, so die Vermutung, findet man in alten Ölgemälden der Inselstadt recht häufig abgebildet?

》abgegrenzt

Am Limes bei Kelheim

Das Römische Reich – eines der größten je existenten Herrschaftsgebiete in der Geschichte der Menschheit. Mit ihm geht ein anderer Superlativ einher: der Limes, seine mehr als 7500 Kilometer lange Grenze von den Britischen Inseln quer durch Europa, den Vorderen Orient und das nördliche Afrika bis zum Atlantik. Wo es sich anbot, verlief sie entlang von Flüssen wie Rhein und Donau. Oder aber über Land, als Wall- und Palisadenanlage samt Kastellen und einer Kette von Wachtürmen.

In Deutschland lässt sich diese Grenze – oder was davon übrig ist – besonders gut auf dem 550 Kilometer langen Obergermanisch-Rätischen Limes erkunden: Etwas westlich von Kelheim ging der heute sogenannte Nasse (Donau-)Limes in die Landlinie des Rätischen Limes über. Von etwa 100 bis 260 nach Christus bildete er an dieser Stelle die Grenze des Römischen Reiches. Der Limes hatte dabei nicht nur eine grenzsichernde Funktion, sondern diente auch der wirtschaftlichen Erschließung dünn besiedelter Regionen – mit Märkten an den Kastellorten und neuen Handelsstraßen.

Während heute in landwirtschaftlich geprägten Gebieten oft nur noch wenig auf dieses einzigartige Bodendenkmal hinweist, können in Wäldern selbst Laien noch recht gut Überreste von Wällen und Gräben ausmachen. Als besondere Anziehungspunkte für Geschichtsinteressierte sind einzelne Wachtürme, Kastelle und andere Bauten rekonstruiert worden und regen dazu an, sich intensiv mit dieser Europa besonders prägenden Epoche zu beschäftigen.

48° 52′ 60″N 11° 46′ 25″O

Nahe Hienheim und direkt am einstigen Limes ist ein Römischer Wachturm nachgebaut.

》Fragen

ANKOMMEN

1 Wie viele Autobahnen sind im Kartenausschnitt zu finden, die über die Donau führen?

2 Wie viele Bäderorte lassen sich anhand des entsprechenden Piktogramms – ein blauer Brunnen – auf der Karte entdecken?

3 Wie viele Ort, die auf »-bach« enden, sind in C11 eingezeichnet?

AUFWÄRMEN

4 Lässt sich der höchste Berg in C7 ohne Weiteres besuchen?

5 Wie ist der Limes in der Karte eingezeichnet und wie viele Abschnitte sind zu erkennen?

6 Welches andere eng mit dem Limes verbundene Bauwerk der Römer lässt sich in der Karte ausfindig machen?

DURCHSTARTEN

7 Ziel gesucht: Am Dreieck Holledau von der A9 die Autobahn wechseln. An der sechsten Ausfahrt jene Autobahn verlassen. Nicht in Richtung der dieser Ausfahrt namensgebenden Stadt, sondern entgegengesetzt, etwa ähnlich weit. Welcher Ort ist das Ziel?

8 Gehirnjogging: Bei Kelheim fließt der Main-Donau-Kanal in die Donau. Welcher Fluss bildet das westliche Ende der künstlichen Wasserstraße und wurde dafür kanalartig erweitert und optimiert?

≫ vollbeladen

Auf alten Steigen im Bayerischen Wald

Dort, wo sich der Nationalpark Bayerischer Wald und der auf tschechischer Seite angrenzende Nationalpark Šumava an den Grenzkamm schmiegen, bilden sie das Zentrum des größten zusammenhängenden Waldgebiets Mitteleuropas – das »Grüne Dach Europas«.

Mehr noch: Einst war der Bayerische Wald auch ein besonders starkes kulturelles Bindeglied. Denn im Mittelalter verlief hier der Goldene Steig, einer der damals bedeutendsten Handelswege Mitteleuropas. Er etablierte sich, da es im Böhmischen Becken keine Salzvorkommen gab. Dieses jedoch wurde benötigt, um Lebensmittel zu konservieren und für die Wintermonate einzulagern. Also wurde Salz aus Reichenhall in den Berchtesgadener Alpen geholt, bis nach Passau verschifft und dort auf Saumtiere verladen. Über schmale Pfade zogen dann Säumer mit ihren Pferden oder Mauleseln über die Berge. Neben dem obligatorischen Salz fanden auf diese Art auch andere gefragte Produkte nach Böhmen. Retour an die Donau waren die Körbe, Fässer und Säcke gefüllt mit Bier und Branntwein, Federn und Wolle.

Landschaftliche Finessen dürften den Säumern damals recht einerlei gewesen sein, schließlich ging es vor allem darum, die Ware über einen möglichst einfachen wie schnellen Weg unversehrt an den Bestimmungsort zu bringen. Heute indes kann man sich ganz und gar den Reizen der Natur hingeben, denn der Fernwanderweg Goldsteig spielt auf den Goldenen Steig an und folgt an einigen Stellen auch dessen Spuren über den Hauptkamm des Bayerischen Waldes.

48° 52′ 50″N 13° 42′ 20″O

》Fragen

ANKOMMEN

1 Teile von wie vielen Länder sind auf dem Kartenausschnitt zu sehen?

2 Welcher ist der höchste Berg in unmittelbarer Nähe des Punktes, an dem die in Frage 1 gesuchten Länder aufeinandertreffen?

3 Wie viele Straßen führen im Kartenausschnitt über die deutsch-tschechische Grenze?

AUFWÄRMEN

4 Genau genommen gehörten zum Goldenen Steig drei Wegäste. Einer verlief bei Finsterau nach Böhmen, einer bei Philippsreut und einer bei Bischofsreut. Welche dieser drei Handelsverbindungen von Passau hat auch heute noch Relevanz?

5 Wie heißt das Schutzgebiet auf tschechischer Seite des Bayerischen Waldes?

DURCHSTARTEN

6 Welchem Fluss im Kartenausschnitt lässt sich auf Gleisen in den Bayerischen Wald hinein folgen und bis wohin gelangt man?

7 In welchem Ort beißt man sprichwörtlich auf Stein?

» aufgestiegen

Im Bergsteigerdorf Ramsau

Selbst wer meint, Ramsau nicht zu kennen, hat das bekannteste Motiv der knapp 2000-Seelen-Gemeinde wahrscheinlich irgendwann schon mal gesehen – eine barocke Kirche, welche die steile Bergwand hinter sich keck herauszufordern scheint: Wer ist die Schönere im Berchtesgadener Land?

Zusammen mit dem kleinen Bach und einer Holzbrücke darüber ist's kitschig. Wunderbar kitschig. Und ständiges Motiv der Ramsauer Webcam – der Blick, den sie einfängt, ist als Malerwinkel bekannt: Im 19. Jahrhundert war Ramsau ein beliebtes Ziel von Landschaftsmalern, viele von ihnen aus München und aus Wien. Sie waren die frühen Mittler zwischen städtischem und ländlichem Leben. Nicht zuletzt wegen der Bilder dieser Maler wollten immer mehr Städter das Landleben genießen. Ganz langsam setzte der Tourismus ein.

Genau dieses Gemächliche macht auch heute noch den Charme von Ramsau aus und so wurde der Ort 2015 als erste deutsche Gemeinde in den Reigen der Bergsteigerdörfer aufgenommen. In der Initiative des Österreichischen Alpenvereins sind inzwischen etwa 30 Orte und Regionen organisiert. Wer in Ramsau Urlaub macht, wohnt also meist in einer Pension oder Ferienwohnung, auf dem Bauernhof oder in einem Gasthaus. Ringsum stehen alle Zeichen auf Natur; unzähligen Wegen lässt es sich folgen, ob zu Fuß, mit dem Rad oder auf Skiern. Hinein in die Täler, hinauf auf die Berge. Und wer es dann doch mal etwas trubeliger möchte, macht einen Ausflug ein paar Kilometer weiter nach Berchtesgaden.

47° 36′ 26″N 12° 53′ 42″O

Der berühmte Malerwinkel-Blick auf die Pfarrkirche St. Sebastian an der Ramsauer Ache.

#》Fragen

ANKOMMEN

1 Aus wie vielen Richtungen ist Ramsau mit dem Auto zu erreichen?
2 Wo ist der nächstgelegene Bahnhof, um nach Ramsau zu gelangen?
3 Wo (neben der im Text genannten Stelle) haben sich Künstler ganz besonders gerne aufgehalten?

AUFWÄRMEN

4 Welches Schutzgebiet liegt südlich von Ramsau?
5 Entlang der deutsch-österreichischen Grenze gibt's zahlreiche Hörner. Wie viele sind auf dem in der Karte eingezeichneten Grenzverlauf zu finden?
6 Welches ist das höchste der in Frage 5 erwähnten Hörner?
7 Zu welcher Unterkunft führt der Weg besonders weit hinauf?

DURCHSTARTEN

8 Wollte man von Ramsau zum Matrashaus – den Weg über wie viele Hütten würde man laut Karte am ehesten nehmen?
9 Welcher Platz verspricht an besonders heißen Tagen eisige Kühlung?
10 Teurer als Gold: Welcher Rohstoff hat der Region einst zu Wohlstand verholfen und ist heute noch in verschiedenen Namen auszumachen?

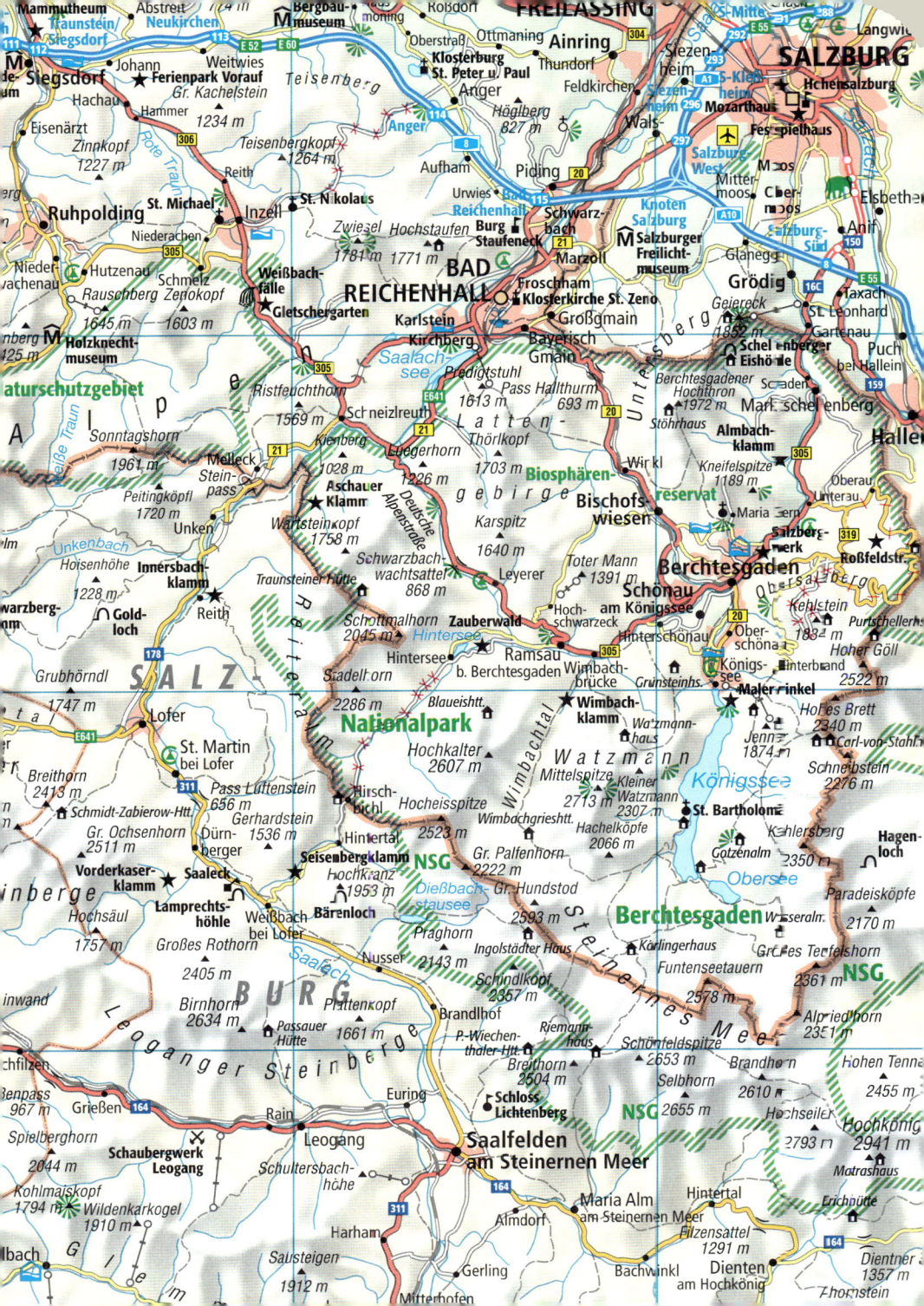

⟫ angemeldet

Münchens Olympiapark

Beim Münchner Olympiagelände und insbesondere dem gleichnamigen Park kann man von einem wirklich sehr gelungenen Projekt sprechen. Gebaut als zentraler Ort für die Olympischen Spiele 1972, behielten die Planer von Beginn an stets die Nutzung für die Zeit danach im Blick, mit dem Ziel, hier ein dauerhaftes, öffentlich zugängliches Kultur-, Sport- und Freizeitareal zu errichten.

Die dazu entworfene Architektur war für die damalige Zeit spektakulär und wirkt auch 50 Jahre danach verblüffend kühn. Charakteristisch für die Anlage ist die fast 75 000 Quadratmeter umfassende Zeltdachkonstruktion aus lichtdurchlässigem Plexiglas. Sie ruht auf insgesamt 58 Stahlmasten und überspannt gleich mehrere Sportstätten, darunter Olympiastadion, Olympiahalle und die Olympia-Schwimmhalle. Alle diese Einrichtungen, die seit 1998 unter Denkmalschutz gestellt sind, werden auch heute noch für internationale Sportwettbewerbe und Meisterschaften genutzt. Gleichzeitig steht mit der Olympiahalle eine Mehrzweckhalle zur Verfügung, in der auch Shows und kulturelle Großveranstaltungen ihren Platz finden. Wenn man sieht, wie sehr die Münchner besonders in den Sommermonaten die Außenanlagen, den See oder den Park nutzen, dann verwundert es nicht, dass es sich ein 2013 gegründeter Verein Münchner Bürger zum Ziel gesetzt hat, für das Gelände den Status UNESCO-Weltkulturerbe zu erreichen. Der Freistaat Bayern hat bereits zugestimmt, diesen Antrag auf Bundesebene einzubringen.

Beste Aussicht vom Olympiaturm auf den Olympiapark und München.

》Fragen

ANKOMMEN

1 Durch welchen Kanal wird der Olympiasee gespeist?
2 Welches Museum erwartet den Besucher auf der Aussichtsplattform des Olympiaturms?
3 Welcher andere große Park Münchens ist auf dem Kartenausschnitt zu sehen?

AUFWÄRMEN

4 Welcher Ort im Olympiapark eignet sich zur inneren Einkehr und Kontemplation?
5 Was hat man umrundet, wenn man folgende Straßen abgeht: Dachauer Straße – Nymphenburger Straße – Sandstraße – Ruederer Straße?
6 Was häuft sich im Südosten des Kartenausschnitts?

DURCHSTARTEN

7 Welches Gymnasium trägt den Namen einer Widerstandskämpferin gegen den Nationalsozialismus?
8 An welchem Ort kann man mit nur wenigen Metern Fußmarsch von der U-Bahn-Linie 2 in die U-Bahn-Linie 3 umsteigen?
9 Wo kann man den Winter über Löwen, Elefanten und Zebras ganz nahe sein?

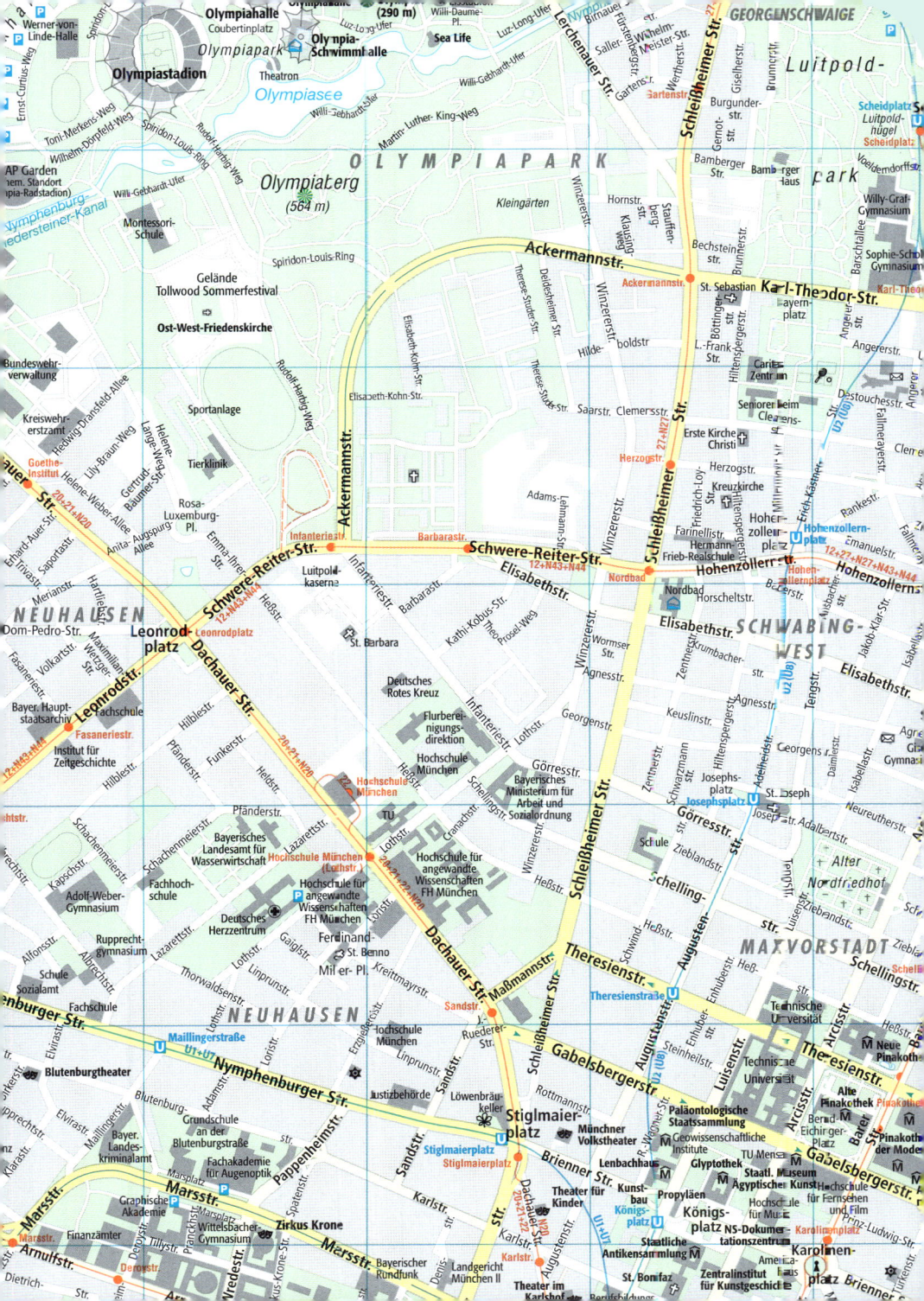

≫ abgegraben

Die Donauquellen am Rande des Schwarzwaldes

So malerisch und landschaftsprägend sich die Donau vorbei an Städten wie Wien oder Budapest durch zehn Staaten Europas schlängelt, um dann nach über 2800 Kilometern Strecke ins Schwarze Meer zu münden, so nebulös ist ihr Beginn. Auf den ersten Blick mag es für Touristen plausibel sein, dass es im Schlosspark von Donaueschingen eine Donauquelle gibt, aber hydrologisch ist es korrekt, wie es auch schon in der Schule gelehrt wurde: »Brigach und Breg bringen die Donau zuweg«. Denn erst ab deren beider Zusammenfluss (etwas unromantisch am östlichen Stadtrand von Donaueschingen unweit der Autobrücke der Bundesstraße 27) trägt das Gewässer den Namen Donau. Und weil die Breg dabei mehr Wasser mitbringt, wird deren Quelle im Schwarzwald gerne als Donauursprung tituliert.

Doch damit nicht genug. Nach 60 Kilometern erreicht die junge Donau einen sehr durchlässigen Kalkuntergrund mit der Folge, dass das Flusswasser in trockenen Sommermonaten komplett versickert und das Flussbett austrocknet. Nachgewiesenermaßen tritt das versickerte Donauwasser zwölf Kilometer südlich im Quellbereich des Flusses Aach wieder aus und wird von dort in den Bodensee transportiert. Dadurch gelangt das Wasser in das Flusssystem des Rheins. Es ist nicht ausgeschlossen, dass sich die Versickerungsstellen in Zukunft verbreitern werden und die ersten 60 Kilometer der Donau dauerhaft das ganze Jahr hindurch in den Rhein fließen. Dann würde die Suche nach der Quelle von Neuem beginnen.

Zusammenfluss von Brigach und Breg bei Donaueschingen.

》Fragen

ANKOMMEN

1 Welches Mittelgebirge befindet sich im westlichen Teil des Kartenausschnitts?

2 Welche große Doppelstadt (Städtefusion) ist im Zentrum der Karte zu sehen?

3 Welcher bekannte Fluss hat südlich dieser Doppelstadt seine Quelle?

AUFWÄRMEN

4 Wie hoch ist der am nächsten an Donaueschingen gelegene Berg?

5 Welche Ferienstraße schlängelt sich durch das in Frage 1 gesuchte Mittelgebirge?

6 Was umrundet man, wenn man folgende Strecke abfährt: Münchingen – Ewattingen – Mundelfinger – Döggingen – Unadingen – Reiselfingen – Münchingen?

DURCHSTARTEN

7 Wie heißt die Museumseisenbahn, deren Namen auf eine außergewöhnliche Streckenführung zurückzuführen ist?

8 Vor knapp 2000 Jahren war das Gebiet auf dem Kartenausschnitt Teil des Römischen Reiches. Welche Überreste sind heute noch zu entdecken?

9 Gehirnjogging: Wenn man Gewässer und Geografie zusammen betrachtet, welcher originelle Effekt stellt sich ein, wenn Regen über der Doppelstadt im Zentrum der Karte fällt?

⟫ abgebogen

Wasserwege am Oberrhein

Wenn man als Jugendlicher im Rheinland aufwächst und in einer warmen Sommernacht mit seinen Kumpels am Fluss sitzt und in die lodernden Flammen eines kleinen Lagerfeuers blickt, dann kommt sie irgendwann, die Frage: Wie weit könnte man eigentlich fahren auf dem Rhein, wenn man mit den vorbeituckernden Frachtschiffen trampen würde oder sogar ein kleines Boot hätte? Stromabwärts ist man sich da meist schnell einig. Zuerst kommt Holland, dann irgendwie das Meer! Aber wie sieht es in die andere Richtung aus, stromaufwärts? Gut, da wären Ludwigshafen und Speyer, aber dann wird es eher rätselhaft.

Und in der Tat, der Rhein macht es einem da auch nicht gerade leicht. Ab Lauterbourg wird er zum Grenzfluss zwischen Frankreich und Deutschland. Hinter Straßburg nutzt ihn aber keiner mehr, weil die Schiffe in den Grand Canal d'Alsace einfahren, den die französischen Nachbarn Mitte des letzten Jahrhunderts nur 200 Meter weiter westlich des Rheins errichteten. Rheinseitenkanal heißt er im Deutschen und hat den Vorteil, dass er wesentlich besser schiffbar ist. Nördlich von Basel kommen beide wieder zusammen, und der Rhein wird nun zum Grenzfluss zwischen Deutschland und der Schweiz. Bei Rheinfelden endet dann seine Schiffbarkeit. Es sei denn, man hätte ein kleineres Boot und würde vor Kembs in den Rhein-Rhone-Kanal abbiegen. Da käme man über Lyon und Avignon bis zum Mittelmeer! Gut, der TGV wäre hier sicherlich schneller, aber an Lagerfeuern zählen ja schließlich die Ideen.

Rheinseitenkanal und Rhein nördlich von Weil am Rhein.

》Fragen

ANKOMMEN

1 Wo treffen sich die Bundesautobahn A5 und die Autoroute A36?
2 Welches Bundesland liegt auf diesem Kartenausschnitt gegenüber von Frankreich?
3 Wie heißt das Gebirge, das im östlichen Teil der Karte zu sehen ist?

AUFWÄRMEN

4 Was heißt Tierpark auf Französisch?
5 Die Stadt Weil am Rhein beherbergt welches weltweit beachtete Museum?
6 Wie heißt der 2012 eröffnete Eisenbahntunnel, der die Eisenbahnstrecke Freiburg–Bad Krozingen–Basel um 16 Minuten Fahrzeit verkürzt?

DURCHSTARTEN

7 Die drei größten Städte auf dem Kartenausschnitt teilen sich einen Flughafen – wie heißt dieser?
8 Welche zwei Relikte aus der Römerzeit sind auf der Karte zu finden?
9 Auf der Karte sind Angaben zur Höhe über dem Meeresspiegel eingetragen. Wie groß ist der Unterschied zwischen dem höchsten und dem niedrigsten Punkt? Was erstaunt dabei?

»übergesetzt

Am Bodensee in Lindau

Wenn ein Leuchtturm auf 400 Metern über dem Meeresspiegel steht, scheint eine Geschichte abseits des Gängigen bereits vorbestimmt. Sie führt an den Bodensee.

Seit Beginn der Schifffahrt war dieser ein wichtiger Handelsweg. So gab es in dem auf einer Insel gelegenen Lindau schon seit 1230 einen Leuchtturm, der Schiffen bei weniger optimalen Wetterbedingungen den Weg wies. Das Bauwerk, das an einen Kirchturm erinnert, wurde bis Mitte des 19. Jahrhunderts genutzt. Zu jener Zeit – mit dem Ausbau der Eisenbahn – holte das landwirtschaftlich geprägte Bayern in Sachen Industrialisierung auf. So projektierten die Königlich Bayerischen Staatseisenbahnen die Ludwig-Süd-Nord-Bahn von Hof nach Lindau und damit eine erste Staatsbahnstrecke; über einen Damm reichte sie bis auf die Insel. Die 1853 eröffneten umfangreichen Lindauer Bahnanlagen wurden ergänzt durch einen repräsentativen Hafen. Bis 1856 entstand eine markante Hafeneinfahrt mit einem sechs Meter großen bayerischen Löwen auf der Ostmole und einem 33 Meter hohen neuen Leuchtturm auf der Westmole. Die planmäßigen Schiffsverbindungen aus dem Lindauer Hafen wurden ab 1869 um Trajektverkehr ergänzt: Güterzüge fuhren bis an die Mole, mehrere Waggons wurden ohne Aus-, Ein- und Umladen auf die Eisenbahnfähre gerollt und so auf kurzem und wirtschaftlich besonders rentablem Weg in die Schweiz befördert. Viel Zughistorie am Hafen. Dass an dem Leuchtturm eine große (Bahnhofs-)Uhr die Zeit anzeigt, kommt nicht von ungefähr.

47° 32' 34"N 09° 41' 01"O

Abendstimmung am Lindauer Hafen.

» Fragen

ANKOMMEN

1 In welchen Schweizer Ort gelangt man von Lindau mit dem Fährschiff laut Karte auf direktem Weg?

2 Am Ziel von Frage 1 angelangt, in welchen anderen deutschen Ort ließe sich alternativ mit der Fähre zurückkehren?

3 Direkt neben dem Lindauer Bahndamm befindet sich das denkmalgeschützte Aeschacher Bad, ein lindgrünes, in Pfahlbauweise errichtetes Gebäude. Wie viele weitere Strandbäder auf deutscher Bodenseeseite sind auf der Karte eingezeichnet?

AUFWÄRMEN

4 Apropos Pfahlbauten: Dass viele Siedlungen in der Gegend nahe am oder direkt im Wasser errichtet wurden, ist auch an der Nachsilbe »-au« im Ortsnamen erkennbar. Wie viele dieser wassernahen Orte zeigt der Kartenausschnitt für das heute bayerische Gebiet?

5 Alles fließt. Welcher große zentraleuropäische Fluss schwappt in den Bodensee?

6 Berge und Meer: Zu welchem Aussichtspunkt lässt man sich gondeln, will man einen besonders beeindruckenden Blick auf die Alpen und den Bodensee – das »Schwäbische Meer« – genießen?

DURCHSTARTEN

7 Leichter als Luft! Wohin am Bodensee zieht es Luftschifffahrt-Begeisterte?

8 Anrainer des Bodensees sind die Schweiz, Deutschland und Österreich. Was fällt diesbezüglich auf?

die
#Antworten

#》 Der Rätsel Lösungen

Nachlesen, ob's stimmt

Bist du zufrieden mit deinen Lösungen? Hervorragend! Im folgenden Buchteil kannst du nochmal prüfen, ob du richtig liegst. Doch nicht nur das. Häufig sind die Lösungen ergänzt um manch sonderbares oder wissenswertes Detail. Mit diesen lässt sich beim nächsten Fest mit Freunden glänzen. Oder die nächste kleine Reise planen.

Ganz nach Belieben.

Wellenbrecher im Wattenmeer

Auch zur Hallig Nordstrandischmoor führt eine Lorenbahn.

1 Es ist als Nationalpark ausgewiesen.

2 Der Hafen heißt Dagebüll.

3 Man sieht die Hallig Habel. Hier wohnt nur ein Vogelwart, Touristen sind nicht erwünscht.

4 Gesucht ist der Hafen von Schlüttsiel.

5 Oland und Nordmarsch-Langeneß sind per Lorenbahn erreichbar. Dieses sehr urige Transportmittel quer durch das Wattenmeer darf allerdings nur von Einheimischen genutzt werden. Die Strecke ist eingleisig. Begegnen sich zwei Loren, muss derjenige zurückfahren, der den kürzeren Weg zu einer Ausweichstelle hat.

6 Dies ist das Kapitän-Tadsen-Museum, als Museum erkennbar in der Karte durch das Initial »M«.

7 Das Freizeitbad heißt PelleWelle.

8 Es sind null Meter. Das bedeutet, dass weite Bereiche der Insel unter dem Meeresspiegel liegen. Allein der umschließende Deich verhindert mit seiner Höhe von sieben bis acht Metern ein Volllaufen Pellworms mit Meerwasser. Fällt starker Niederschlag, muss ein Schöpfwerk das Wasser von der Insel in die See pumpen.

9 Es gibt einen Bereich im Südosten, der stärker besiedelt ist, während um ihn herum Kanäle und Entwässerungsgräben dominieren. Wyk auf Föhr und seine umgebenden Dörfer befinden sich auf einem sogenannten Geestkern. Diese Landschaftsform wurde während der Eiszeiten gebildet. Drumherum ist Marschland entstanden, das durch Ablagerungen des Meeres geformt wurde und zumeist tiefer liegt. Um seine im Vergleich zur Geest fruchtbareren Böden landwirtschaftlich nutzen zu können, muss das überschüssige Wasser über Gräben abgeführt werden.

1. Die Inseln Juist und Norderney sind in Teilen zu sehen.
2. Es ist die Störtebekerstraße.
3. Man entdeckt sieben Camping- und drei Flugplätze.

4. Gesucht ist Norddeich mit seiner berühmten Norddeich Mole.
5. Mit dem Zug kommt man sowohl nach Norderney als auch nach Juist. Eisenbahnstrecken sind auf der Karte als grauweiß gestrichelte Linie eingetragen. Der Zug hält direkt auf der Mole in Norddeich, an dessen Kaianlegern gegenüber die entsprechenden Fähren warten.
6. Es sind vier (Spaniergat, Riffgat, Wagengat und Kalfamergat). »Gat« kommt aus dem Niederdeutschen und bedeutet so viel wie »Durchlass«.

7. Juist ist nur bei Flut zu erreichen. Man erkennt auf der Karte westlich des Kalfamergats das Juister Wattfahrwasser. Dieses ist grünblau eingefärbt und fällt bei Ebbe trocken.

〉〉 Übrigens:

Da sich Ebbe und Flut wegen der Erdrotation und der Umlaufbahn des Mondes jeden Tag um circa 50 Minuten nach hinten verschieben, fährt auch die Fähre nach Juist jeden Tag etwas später ab.

Der Fährmann kann diese Stelle nur in einem zwei- bis dreistündiger Zeitfenster am Tag passieren, wenn genügend Wasser unter dem Kiel ist.

8. Dann sollte man das Waloseum nördlich der Stadt Norden ansteuern. Die vier blitzartigen Pfeile zwischen dem Waloseum und dem Flugplatz weisen übrigens auf die ehemaligen Sendemasten von Norddeich Radio hin, eine Küstenfunkstation, die bis 1998 von hier aus Informationen via Kurz- und Mittelwelle an die internationale Seefahrt sendete.
9. In dem See wird das Wasser aus den Entwässerungsgräben der zum Teil unter dem Meeresspiegel liegenden Bereiche Ostfrieslands gesammelt und in den Phasen der Ebbe in die Nordsee geleitet.

1 Dort gibt's drei Seen: von Süden beginnend den Holler See, den Emmasee und den Meiereisee. Im Südosten des Parks befindet sich mit dem Schwanenteich ein viertes Stehgewässer.

2 Ja, denn die beiden Seen sind miteinander verbunden. Außerdem lassen sich am Emmasee Ruderboote mieten, mit denen sich die Gewässer erkunden lassen. Oder aber man steigt auf der Marie ein, ein elektrobetriebenes Holzboot nach historischem Vorbild, mit dem sich während einer etwa 90-minütigen Rundfahrt die Wasserwege im Park erkunden lassen.

3 Es ist die Meierei. Vor allem im Norden und Osten Deutschlands wurde der Begriff synonym zu Molkerei verwendet. Die Meierei im Bremer Stadtpark schenkte Milchgetränke an Parkgäste aus; heute lässt sich in der ehemals ländlichen Molkerei, die sich zum Restaurant gewandelt hat, genussvoll speisen.

4 Auch hier steckt's im Namen: Es ist der Weidedamm.

5 Sie trieben die Tiere über den Herdentorsteinweg auf die Weide. Die südlich anschließende Sögestraße erinnert daran, dass auch Schweine (Sau = Söge) darunter waren.

6 Ja. Und zwar mit der Linie 5, die erst im Frühjahr 2019 in Betrieb genommen wurde und seither den anstelle des alten Überseehafens entstandenen Stadtteil Überseestadt an das Netz anbindet.

7 Dann möchten sie vielleicht ein Musical besuchen. Grünenweg 5–7 ist die Adresse des Metropol Theater Bremen, das Musical-Theater der Stadt.

8 Rein vom Weg her ist das zu schaffen: Die Karte hat den Maßstab 1:18000, ein Zentimeter entspricht also 180 Metern. Grob geschätzt sind es auf der Karte vier Zentimeter, also etwa 700 Meter zum Bahnhof, wofür man gut zehn Minuten braucht. Allerdings wird man bei einer derart engen Planung wohl auf eine mögliche Zugabe verzichten müssen. Vielleicht nimmt man also doch lieber einen späteren Zug.

Häfen in Wilhelmshaven

JadeWeserPort in Wilhelmshaven.

1 Es ist der Nationalpark Niedersächsisches Wattenmeer.

2 Dann sollte man das JadeWeserPort-InfoCenter ansteuern. Hier werden neben vielen Informationen auch Rundfahrten durch den Hafen angeboten.

3 Man findet es dreimal: Sander Watt, Solthörner Watt und etwas versteckt in Nationalpark Wattenmeer.

4 Die nächste Station ist der Bahnhof Sande.

5 Es gibt sieben Häfen: Ölhafen, Neuer Vorhafen, Marinehafen, Nordhafen, Arsenalhafen, Fluthafen und Großer Hafen.

6 Auf der Karte sind fünf Windmühlen und fünf Windräder eingezeichnet. Letztere haben nur drei Flügel und stehen fernab von Siedlungen.

7 Blumen gibt's im Rosarium des Stadtparks Wilhelmshaven und Gänsehaut im Gruseleum Hooksiel.

8 Der Marinehafen hat einen ungehinderten Zugang zur Jade und ist damit dem Wechsel von Ebbe und Flut unterworfen. Der Nordhafen ist dagegen abgeschottet und besitzt somit einen gleichbleibenden Wasserstand. Zum Wechsel in den jeweils anderen Hafen sind Schleusen eingebaut (die beiden kleinen schmalen rechteckigen Wasserflächen auf der Karte).

9 Gemeint ist der JadeWeserAirport.

10 Der Maßstab liegt zwischen 1:117 000 und 1:118 000.

LÖSUNGSWEG:

Erster Schritt: Entfernung der beiden Leuchttürme auf der Karte circa 17 Zentimeter = 0,00017 Kilometer.

Zweiter Schritt: 20 (Kilometer) / 0,00017 (Kilometer) = 117 647

Sinn: Man müsste die Länge der Strecke auf der Karte (17 Zentimeter) circa 117 647-mal hintereinanderlegen, um auf die reale Entfernung in der Natur (20 Kilometer) zu gelangen. Zugegeben ein etwas außergewöhnlicher »krummer« Maßstab. Der Originalmaßstab der Karte war denn auch 1:100 000. Wir mussten sie allerdings etwas verkleinern, damit beide Leuchttürme auf die Buchseite passen.

#5
Hamburgs Tor zur Welt

Luftbild des Hamburger Hafenviertels.

1 Der Flughafen ehrt den ehemaligen Bundeskanzler Helmut Schmidt.

2 Er heißt Friedhof Ohlsdorf.

3 Es könnte auf der Landebahn der Airbus Flugzeugwerft in Finkenwerder landen, die eine ausreichende Länge hat. Allerdings handelt es sich nach deutschem Luftfahrtrecht um einen Sonderlandeplatz, der rein privat betrieben wird und dem europäischen Flugzeughersteller zur Abwicklung seines Werksflugverkehrs dient.

4 Den Elefant findet man beim Tierpark Hagenbeck.

5 Es ist der Naturpark Harburger Berge. Hier handelt es sich um den Teil einer während der letzten Eiszeit entstandenen Endmoräne, übrigens ein weit verbreiteter Prozess, durch den »Berge« in der Norddeutschen Tiefebene entstanden sind.

6 Nein. Man sieht auf der Karte nördlich des Hülsenberges die Landesgrenze zu Hamburg, was bedeutet, dass dieser Gipfel im Nachbarbundesland Niedersachsen liegt.

7 Es sind zwei der insgesamt vier Hamburger Container Terminals eingezeichnet: Eurogate und Altenwerder (CTA). In Letzterem werden übrigens die Container vollautomatisch durch einen Zentralrechner durch das Lager gesteuert, bis dann im abtransportierenden Lkw bzw. Güterzug ein Mensch wieder die Lenkung übernimmt.

8 Die Arme heißen Norderelbe und Süderelbe, die wiederum im letzten Abschnitt Köhlbrand genannt wird. Sie treffen sich am Ufer in Hamburg-Altona.

9 Die Süderelbe wurde in den Köhlbrand umgelenkt und floss davor etwa an der Stelle, wo sich heute das Autobahnkreuz HH-Waltershof befindet, in westliche Richtung. Die Alte Süderelbe ist noch in Abschnitten weiter westlich erkennbar.

Bei den Bienen der Lüneburger Heide

Übrigens:

Die Lüneburger Heide reicht bis Hamburg, denn ihr nördlichster Zipfel, die Fischbeker Heide, liegt im Stadtteil Neugraben-Fischbek.

1 Die höchste Erhebung der Lüneburger Heide ist der Wilseder Berg (169 Meter).

2 Dort ist kein einziger Campingplatz zu finden. Als Naturschutzgebiet besteht für diese Landschaft ein besonders strenger Schutz. Schon 1910 erwarb der Heidepastor Wilhelm Bode das Grundstück, auf dem sich der Wilseder Berg befindet. Seit 1921 ist dieser zentrale Teil der Lüneburger Heide offiziell geschützt, als eines der ersten Naturschutzgebiete hierzulande

3 Von Soltau aus geht's mit dem Zug in sechs Richtungen.

4 Zu diesem Zweck sollte man am Bahnhof Wintermoor, zwischen Schneverdingen und Buchholz, aussteigen. Der in der Karte verwendete Begriff Naturschutzpark stammt aus Gründungszeiten des Schutzgebietes und bezeichnet das Kerngebiet des Naturparks. Nach Vorbild der amerikanischen Nationalparks hatten sich die Gründerväter das Ziel gesetzt, hierzulande ähnliche Parks zu etablieren. Doch die Dimensionen waren viel kleiner, daher entschloss man sich, einen »Naturschutzpark« einzurichten – nach wie vor der einzige in Deutschland.

5 Der Totengrund, ein mit Besenheide und Wacholderbüschen bewachsener Talkessel, wohl ein Überbleibsel der letzten Eiszeit ist sehr sehenswert.

6 Dort befindet sich die Autobahnabfahrt 43 (Bispingen).

7 Es ist die Luhe. Sie entspringt bei Soltau-Deimern, tritt allerdings erst bei Bispingen endgültig zutage, bevor sie nach knapp 60 Kilometern in die Elbe mündet.

8 Gesucht ist Dat ole Huus. Das 1742 erbaute Haus gilt als typisch für die Nordheide und beherbergt seit mehr als einhundert Jahren das Heidemuseum.

Neues Bauen in Celle

Celles pittoreske Altstadt.

1 Celle liegt in Niedersachsen, was im oberen Kartenteil auch zu sehen ist.

2 Orientierung bietet die B214. Wer's markieren mag: Etwa da, wo die Fuhse zur Bundesstraße hin mäandert, befinden sich die Siedlung Blumläger Feld und darin auch das Museum.

3 Es ist das Deutsche Erdölmuseum im Westen von Celle.

4 Sie liegt im Dorf. Darauf deutet der kleine Ortspunkt hin. Tatsächlich hat Höfer heute knapp 1000 Einwohner und gehört zu Eschede. Das Bergwerk Mariaglück förderte ab 1914 Kali- und Steinsalz in Höfer und stellte 1977 den Betrieb ein.

5 Der höchste Berg im selben Planquadrat ist der Aschenberg (80 Meter).

6 Höchster Berg im gesamten Kartenausschnitt ist der Falkenberg (150 Meter, am oberen Kartenrand) im Becklinger Holz, einem Truppenübungsplatz der Bundeswehr.

7 Es sind die Spreewaldseen, ein künstlich geschaffenes Naherholungsgebiet bei Uetze. Das größere Gewässer im Süden ist der Irenensee. Im Norden lassen Landzungen und Inseln das Gelände wie eine Fluss- und Kanallandschaft wirken.

8 Er heißt Citronenberg (nahe Severloh). Der Name soll aus dem Mittelalter stammen: Einer Überlieferung zufolge ließ eine nach Jerusalem pilgernde Adelsfamilie ihre kranke Tochter bei einer Bauernfamilie zurück, da die Strapazen für das Kind zu groß gewesen wären. Als die leiblichen Eltern das gesunde Mädchen drei Jahre später auf der Rückreise wieder in Empfang nahmen, gaben sie den Pflegeeltern einen Korb voller damals äußerst exotischer, wertvoller Zitronen.

Süße Verführung in Lübeck

1. Es sind vier: Ausgehend vom Süden handelt es sich um die Mühlenbrücke, die Rehderbrücke, den Hüxterdamm sowie die Klughafenbrücke.
2. Sie heißen Krähenteich und Mühlenteich. Die auffällige Form der Lübecker Innenstadt existiert so erst seit gut einhundert Jahren. Ursprünglich handelte es sich um eine Halbinsel. Erst mit dem Ausbau des Kanalsystems, das Nord- und Ostsee miteinander verbindet, wurde am nördlichen Ende die Landenge abgetragen; Hafen- und eben auch Teichanlagen entstanden.
3. Die Hansekoggen fuhren die Trave hinunter.

4. Das Europäische Hansemuseum ganz im Norden der Altstadt.
5. Es geht nach Süden. Das Niederegger-Stammhaus selbst ist zwar namentlich nicht eingezeichnet, allerdings gibt der Text den entscheidenden Hinweis: »… in der Breiten Straße, vis-à-vis vom Lübecker Rathaus …«. Das Marzipan-Museum liegt einen Häuserblock weiter, südlich davon.
6. Man steigt an der Bushaltestelle »Fegefeuer« aus, bezeichnet nach der gleichnamigen Straße, die durch

Übrigens:

Lübecks Leitspruch lautet »Concordia domi foris pax« – Eintracht im Inneren, Frieden nach außen. Er ist stadtauswärts in goldenen Lettern am Holstentor zu lesen.

die Kirchenlehre zu ihrem Namen kam: Die an der Nordhalle des Lübecker Doms befindliche Torhalle ist als »Paradies« bekannt. Und um zum Paradies zu gelangen, muss man durch das Fegefeuer gehen. 1852 wurde der außergewöhnliche Straßenname ganz offiziell verbrieft.

7. Es ist Engelswisch. Ob hier je himmlische Botschaften geschrieben wurden, ist nicht überliefert. Tatsächlich leitet sich der Name vom niederdeutschen Wort »Wisch« für Wiese und von den Anlegeplätzen der nach England segelnden Kogger ab und bedeutet damit »Englische Wiese«.
8. Das Günter-Grass-Haus ist dem vielfältigen Schaffen des in Danzig geborenen späteren Literatur-Nobelpreisträgers gewidmet. Der Schriftsteller lebte im Alter in Lübeck und starb hier.

1 Schloss Bothmer liegt im Planquadrat K7.

2 Es sind die Planquadrate K5 und K6.

3 Die Buchstaben »O« und »I« könnten leicht mit den Zahlen »0« und »1« verwechselt werden.

4 Der größte Ort an der Lübecker Bucht ist Neustadt in Holstein (H6).

5 Es handelt sich um die Insel Fehmarn.

6 Es ist der Hafen Puttgarden. Die Fährverbindung ins gegenüberliegende dänische Rødby ist zwar auf der Karte namentlich nicht genannt, wird aber als Vogelfluglinie bezeichnet, weil die Flugroute über die Insel Fehmarn hinweg für Zugvögel eine attraktive Strecke nach Skandinavien ist. Sie nutzen die Insel zur Orientierung und sparen Energie, indem sie so möglichst lange die Thermik über Land ausnutzen.

7 Gesucht ist der Hafen Travemünde, der zur Hansestadt Lübeck gehört.

8 Nein, denn das Schiff würde auf Grund laufen. Auf der Karte sind Tiefenlinien in der Lübecker Bucht eingezeichnet. Während in der Mitte noch eine Wassertiefe von mehr als 20 Metern vorhanden ist, sind es landwärts weniger als zehn Meter.

9 Der Leuchtturm Dahmeshöved ist die richtige Wahl. Da die Sonne im Osten aufgeht, braucht es eine freie Sicht über Wasser in östlicher Richtung. Übrigens bot Dahmeshöved mit seinen Blinkzeichen eine wichtige Orientierung für alle Personen, die zu Zeiten der DDR über die Ostsee in den Westen zu fliehen versuchten.

⟩⟩ Übrigens:

Zugvögel ziehen auf ihrem Flug nicht einer bestimmten Temperatur hinterher, sondern dem Licht. Nur in den nördlichen Breiten bleibt es während des Sommers lange genug hell, um ausreichend Futter für den Nachwuchs zu suchen.

Die Wasserspiele von Ludwigslust

1 Schwerin ist die Hauptstadt von Mecklenburg-Vorpommern.

2 Hier wirkte der Bildhauer und Maler Ernst Barlach.

3 Auf der Karte ist der komplette Naturpark Sternberger Seenland zu sehen. Zurückweichende Eismassen hinterließen hier vor mehr als 10000 Jahren eine Hügel- und Seenlandschaft.

4 Es gibt drei Möglichkeiten: die direkte Verbindung vorbei an Wöbbelin und Rastow; über Jasnitz mit Umsteigen in Hagenow-Land; oder über Neustadt-Glewe, Parchim und Crivitz.

5 Man erkennt die Müritz-Elde-Wasserstraße. Über diese mittlerweile als Bundeswasserstraße ausgewiesene Verbindung kann man mit kleineren Booten von der Elbe bei Dömitz über den Plauer See und die Müritz bis nach Berlin fahren. Einst gebaut als Transportweg für Güter der Landwirtschaft und Industrie, dient sie heute hauptsächlich touristischen Zwecken.

6 Mit einer Draisine gelangt man auf der für Züge gesperrten Strecke von Karow über Goldberg bis nach Borkow.

7 Er beschreibt das Warnow-Durchbruchstal nördlich von Sternberg. Der Fluss Warnow hat sich hier im Laufe der letzten 10000 Jahre 30 Meter tief in die umgebenden Hügel gegraben.

8 Nicht wirklich: Über die Müritz-Elde-Wassertraße und den abzweigenden Kanal (Störkanal) gelangt man in den Schweriner See. Die im Norden des Sees bei Bad Kleinen eingezeichnete Wasserstrecke nach Wismar (Ostsee) soll seit Jahrhunderten für die Schifffahrt ausgebaut werden, was aber bis heute aus Kostengründen nie realisiert wurde.

Im Ludwigsluster Schlosspark.

Im Greifswalder Bodden auf der Insel Vilm

1 Ab Lauterbach bringt das Motorschiff »Julchen« vom Frühling bis zum Herbst maximal 60 Gäste täglich zu einer geführten Wanderung auf die geschützte Insel.

2 »Der Rasende Roland«, eine Kleinbahn, fährt im Sommerhalbjahr ab Lauterbach Mole, im Winter ab Putbus nach Göhren. Hinweis in der Karte ist das Bahnhofssymbol.

3 Die Halbinsel heißt Mönchgut.

4 Es handelt sich um den Ausdruck »Perd«. »Nordperd« und »Südperd« liegen beide auf Mönchgut.

5 Auf Rügen befinden sich jede Menge Großsteingräber, auch Hünen-, Hügel- oder Megalithgräber genannt. Das Kartensymbol ist selbsterklärend.

6 Mit seinen 161 Metern ist der Piekberg die höchste Erhebung auf Rügen. Die Höhendifferenz zur Umgebung ist allerdings kaum merklich.

7 Gesucht ist der Große Jasmunder Bodden. (Auf der Naturbühne der Störtebeker Festspiele in Ralswiek wird die Geschichte des legendären Seeräubers Klaus Störtebeker erzählt.)

8 Man steigt in Lietzow, zwischen dem Großen und dem Kleinen Jasmunder Bodden, um.

Blick vom Rügener Strand zur Insel Vilm.

Im Nationalpark Unteres Odertal

1   Er heißt Krajnik Dolny.
2   Auf der Karte sind sechs Grenzüber-
    gänge zu finden: B104 Lubieszyn,
    A11 Kolbaskowo, B2 (Rosow), B113
    Mescherin, B166 Krajnik Dolny, B158
    Osinów Dln. (Osinów Dolny).
3   Der Nationalpark Unteres Odertal
    wurde 1995 zum Schutz einer für
    Deutschland einzigartig intakten
    Polder- und in ganz Europa selten
    gewordenen Auenlandschaft ein-
    geweiht. Er erstreckt sich auf etwa
    50 Kilometern entlang der deutsch-
    polnischen Grenze.

4   Er liegt im Biosphärenreservat
    Schorfheide-Chorin.
5   Man ist in der Uckermark, deren
    größter Teil als historische Land-
    schaft in Brandenburg liegt, kleinere
    Teile findet man in Mecklenburg-
    Vorpommern. Der Landkreis
    Uckermark existiert seit 1993.
6   Der Zug passiert die Randow und
    die Welse.

7   Mithilfe des Schiffshebewerkes
    Niederfinow überwinden neben
    Schiffen und Booten mitunter auch
    Kajaks und Kanus die 60 Meter
    Höhenunterschied zwischen dem
    Oder-Havel-Kanal und der Alten
    Oder. Die Anlage ist 1934 in Betrieb
    gegangen und damit das älteste
    noch arbeitende Schiffshebewerk in
    Deutschland. Ein neues Werk wird
    derzeit nördlich davon fertiggestellt;
    es soll ab 2025 genutzt werden.
8   Das Kloster Chorin verfügt über
    einen Kreuzgang.
9   Dies erkennt man an den vielen Orts-
    namen, die auf -ow enden, darunter
    Jamikow, Pinnow oder Parlow. Das
    »w« ist dabei jeweils stumm und wird
    nicht gesprochen.

》 Übrigens:

**Mit weniger als 40 Einwohnern
pro Quadratkilometer ist die
Uckermark eine der am dünnsten
besiedelten Regionen Deutschlands.**

1 Man erreicht den Kölpinsee.
2 Nur das nordöstliche Ufer ist Teil des Nationalparks. Um die Natur bestmöglich zu schützen, ist es in diesem Park nicht erlaubt, Seen und Kanäle mit Motorbooten zu befahren.
3 Er heißt Käflingsberger Turm. Von seiner Aussichtsplattform hat man einen sehr guten Rundumblick auf den Park aus 50 Metern Höhe.

4 Es handelt sich um Kurt Tucholsky. Der Schriftsteller hatte 1912 eine Erzählung mit dem Titel »Rheinsberg: Ein Bilderbuch für Verliebte« herausgebracht, in der er einen romantischen Aufenthalt in der Stadt mit seiner späteren Ehefrau Else Weil beschreibt.
5 Die Eisenbahnstrecke führt zum Kernkraftwerk Rheinsberg, das 1990 aus Sicherheitsgründen stillgelegt wurde. Seit 1995 werden die radioaktiv verstrahlten Bauelemente dekontaminiert und zurückgebaut. Der

⟫ Übrigens:

In Teterow markiert eine Reliefplatte auf dem Boden den auf der Mitte des Marktplatzes befindlichen geografischen Mittelpunkt des Landes Mecklenburg-Vorpommern.

endgültige Abriss der Anlage ist für Mitte der 2030er-Jahre geplant.
6 Er heißt Müritz-Havel-Wasserstraße. Auf dem Kanal kann man mit dem Boot nach Berlin fahren. Unterwegs kommt man an dem Flugplatz Lärz vorbei, der in Teilen stillgelegt und an den Verein Kulturkosmos Müritzsee e. V. verkauft wurde. Letzterer veranstaltet dort jährlich das Fusion-Festival mit mehr als 70 000 Besuchern.

7 So erreicht man den Labussee. Der Weg ist dabei das Ziel, denn man kommt vom Vilzsee aus auch direkt dorthin.
8 Dann ist der kleine See südlich der Müritz gemeint, der bei Vipperow beginnt.

An der Berliner Mauer

Gedenkstätte Berliner Mauer in der Bernauer Straße.

4 Gesucht ist der Mauerpark nordöstlich des Dokumentationszentrums. An warmen Sommersonntagen kommen schon mal mehrere 10 000 Menschen hierher.

5 Das Dokumentationszentrum liegt im ehemaligen Westteil.

6 Gesucht ist (der Grenzübergang und die U-Bahnstation) Bornholmer Straße.

7 Im Rahmen einer Führung durch das Berliner Unterwelten-Museum (am U- und S-Bahnhof Gesundbrunnen) lassen sich unterirdische Bauten aller Couleur kennenlernen. In der Station Gesundbrunnen verbirgt sich beispielsweise hinter einer massiven, grünen Stahltür ein Bunker, der im Zweiten Weltkrieg als Luftschutzkeller genutzt wurde.

1 Es ist eine – die Elisabethkirche.

2 Man hatte drei Geisterbahnhöfe durchfahren: Bernauer Straße, Rosenthaler Platz und Weinmeister Straße.

3 Sie lässt sich im Dokumentationszentrum der Gedenkstätte Berliner Mauer erkunden.

1 Er war nach Otto Lilienthal benannt.

2 Auf der Karte sind noch die Airports Tempelhof und Tegel zu finden. Neben diesen beiden und dem Flugplatz Johannisthal gab es noch weitere Landeplätze in Berlin: Es sind die beiden hauptsächlich für Militärzwecke genutzten Flughäfen Berlin-Karlshorst (1916–1920) und Berlin-Gatow (1935–1994) sowie der Flugplatz Berlin-Staakens (1915–1953), auf dem vor über 100 Jahren auch Zeppeline verkehrten.

3 Man sieht die zwei Trabrennbahnen in Mariendorf und in Karlshorst. Beide Bahnen sind bereits mehr als 100 Jahre alt und kämpfen gleichermaßen um ihr wirtschaftliches Überleben. Da sich das Wettgeschäft rund um den Pferdesport mittlerweile stark ins Internet verlagert hat, kommen zu den Rennen vor Ort immer weniger Zuschauer.

4 Es sind die Schlösser Tegel, Schönhausen, Charlottenburg und Britz sowie das Jagdschloss am Grunewaldsee.

⟩⟩ Übrigens:

Otto Lilienthal unternahm auch Fliegeversuche am Gollenberg in Stölln, etwa 60 Kilometer westlich von Berlin, weil dort die Winde stärker bliesen.

5 Dann gelangt man zum Brandenburger Tor und zu der Straße Unter den Linden.

6 Antwort c) ist korrekt: 106 Stationen. Antwort d) nennt die Anzahl aller Stationen im S-Bahn-Netz Berlin/Brandenburg. Sie verteilen sich auf 16 Linien, die wiederum zusammen eine Strecke von circa 340 Kilometern Länge befahren und im Jahre 2020 etwa 334 Millionen Fahrgäste befördert haben.

7 Es sind acht Bundesstraßen: B1, B2, B5, B96, B96a, B101, B109 und B158.

8 Sie verlässt ihn in Charlottenburg, nördlich des Spandauer Damms.

9 Der Teltowkanal verbindet die beiden Flüsse.

Im Großtrappenrevier im Westhavelland

1 Es sind drei Autobahnen: die A10 (Berliner Ring), die A24 und die A2.

2 Er heißt Naturpark Westhavelland. 70 Kilometer westlich von Berlin gelegen, ist er das größte Schutzgebiet in Brandenburg.

3 Die beiden Zugstrecken kreuzen sich in Rathenow. Die Kreisstadt ist das Zentrum des Naturparks.

4 Man fährt nach Osten und braucht für die Strecke sechs Minuten.

5 Sie zeigt den Elbe-Havel-Kanal. Die Ursprünge dieser Wasserstraße reichen auf historische Kanäle aus dem 18. Jahrhundert zurück.

6 Im Lügen-Museum, das am nördlichen Kartenrand eingezeichnet ist. Tatsächlich findet man dieses privat betriebene Museum inzwischen allerdings woanders. Auch wenn die Karte, die wir im Buch verwenden, recht neu ist, zeigt sich: Die Dinge ändern sich schnell und auch der Kartografie geht so schnell nicht die Arbeit aus.

7 Es ist die Havel. Gülpe befindet sich nordwestlich von Rathenow und ist namensgebend für den Gülper See. Westlich davon fließt die Havel, die hier die Bundeslandgrenze zwischen Sachsen-Anhalt und Brandenburg markiert.

Im Naturpark Westhavelland.

Antworten
#17
Eine Liebe in Münster

Restaurant am Aasee in Münster.

1 Sie ist unter maximal vier Brücken hindurchgeschwommen: unter der Torminbrücke über dem Aasee sowie unter drei Brücken über dem Zookanal.

2 Es sind fünf. Von Nord nach Süd: »Giant Pool Balls«, »Pier«, »Blickst du hinauf ...«, ein Werk von Donald Judd »Ohne Titel« sowie »Zusammenleben«.

3 Man muss der Adenauer Allee und in der Verlängerung der Aegidiistraße folgen.

4 Es handelt sich um die Skulptur »Blickst du hinauf ...«. Der Konzeptkünstler Ilya Kabkov hat an einem Stahlmast 22 Antennen montiert, die in 15 Metern Höhe eine poetische Botschaft aus filigranen Drahtlettern flimmern lassen. Wie die Botschaft lautet, erkundet man am besten direkt am Mast im Gras liegend und in den Himmel schauend.

5 Es ist der Maler, Grafiker und Bildhauer Pablo Picasso. Das Kunstmuseum Pablo Picasso ist das einzige dem bekannten Spanier gewidmete Museum in Deutschland. Es wurde 2010 eröffnet und beherbergt vor allem Lithografien.

6 Dort liegen die St.-Joseph- sowie die Matthäuskirche.

7 Blickt man nach Norden, befindet sich das Historische Rathaus auf ein Uhr. Schaut man an gleicher Stelle nach Osten, liegt es auf zehn Uhr.

8 Es ist der sternförmige Schlossgraben. An Stelle des Schlosses samt Garten gab es früher eine Zitadelle, also eine kleine Befestigung innerhalb einer größeren Wehranlage. Auf den ab 1661 aufgeschütteten Wäl en standen damals Kanonen zur Verteidigung.

》 Übrigens:

Auf vielen Brachflächen der ehemaligen Montanindustrie überlässt man die Natur sich selbst, sodass hier mittlerweile sogenannte Industriewälder entstanden sind, die an Artenreichtum kaum zu übertreffen sind.

1 Hier ist die Bergarena zu sehen, ein Amphitheater, in dem Konzerte und Theateraufführungen stattfinden. Umgeben wird die Kuppe der Halde von senkrecht aufgerichteten und künstlerisch gestalteten Eisenbahnschwellen. Sie sind Totems nachempfunden, die in der Welt der Schamanen als Verbindung der Lebenden zu den verstorbenen Vorfahren gelten.

2 An das Autobahnkreuz grenzt ein Naturschutzgebiet – wie gesagt, Platz ist rar in der Metropole Ruhr.

3 Dort erstreckt sich die Siedlung Eisenheim, eine der ältesten Bergarbeitersiedlungen im Ruhrgebiet.

4 Es sind die Halde Schöttelheide nordöstlich von Haniel, die Halde Hühnerheide im Stadtteil Schmachtendorf und die Knappenhalde in Oberhausen.

5 Man erkennt den Rhein-Herne-Kanal, der den Rhein bei Duisburg mit dem Dortmund-Ems-Kanal verbindet.

6 Gegenüber dem Bahnhof liegt das Rheinische Industriemuseum (mittlerweile LVR-Industriemuseum).

7 Auf dem Ausschnitt ist die Emscher zu sehen. Ein zentrales unterirdisches Abwasserkanalsystem hat es im Ruhrgebiet lange nicht gegeben, da die Rohre durch die ständigen Bergsenkungen nicht lange in Takt geblieben wären. Aus diesem Grund wurden die Abwässer oberirdisch über die Emscher zum nächsten Klärwerk geleitet, während man die Ruhr nur für den Frischwassertransport genutzt hat.

8 Hier ist eine Maßnahme des Strukturwandels der Metropole Ruhr sichtbar. Auf der Fläche eines ehemaligen Hüttenbetriebs entstand ein Freizeitpark unter Einbindung des Industriedenkmals Gasometer Oberhausen als ein Ort für spektakuläre Ausstellungen.

1 Es sind die Buchstaben IUZ, die für Institut für Umwelt- und Zukunftsforschung, eine Forschungseinrichtung an der Warte, stehen. Besucher können Führungen durch das Radom – der aufgeblasenen Hülle mit der 20-Meter-Parabolantenne darunter – buchen und sich dabei auch eine Ausstellung zur Geschichte der Warte und ihrer Arbeit anschauen.

2 Dort treffen sich die Autobahnen A40 und A448. Erstere trägt auch den Namen Ruhrschnellweg und ist die Hauptschlagader für den Verkehr quer durch die Metropole Ruhr.

3 Wattenscheid ist ein Stadtbezirk von Bochum, zu erkennen an der nahe gelegenen Autobahnanschlussstelle.

4 Radwege sind grün und Wanderwege rot markiert.

5 Je größer eine Stadt, desto größer die Schrift, mit der sie auf der Karte eingetragen ist.

6 Diese Möglichkeit bietet eine Schwimmbrücke bei Dahlhausen. Sie ruht nicht auf festem Untergrund, sondern auf schwimmenden Pontons und kann dadurch problemlos unterschiedliche Wasserstände der Ruhr ausgleichen.

7 Das Museum Unter Tage in Bochum-Weitmar, das im Gegensatz zu vielen anderen Museen auf der Karte nichts mit Bergbau zu tun hat, präsentiert Kunstausstellungen in einem Raum unterhalb der Erdoberfläche.

8 Auf der Karte sind der Bismarckturm in Bochum und zwei Malakowtürme im Stadtteil Bochum-Weitmar zu finden Beide Turmarten wurden gegen Ende des 19. Jahrhunderts errichtet. Erstere deutschlandweit zu Ehren des Politikers Otto von Bismarck, Letztere zur Förderung von Steinkohle und Erzen in Bergbaugebieten. Sie waren aus Ziegelsteinen gebaut und wurden später durch Stahlfördertürme abgelöst.

Malakowturm der ehemaligen Zeche Hannover.

1 Zwischen ihnen liegen weniger als 100 Meter.

2 Es handelt sich um die Hohenzollernbrücke. Im Grunde genommen ist auf der Karte eine städtebauliche Fehlplanung zu sehen. Den Hauptbahnhof so dicht am Dom zu errichten bietet kaum Möglichkeiten einer verkehrstechnischen Erweiterung. Doch König Friedrich Wilhelm IV. bestand bei der Standortsuche in den 1850er-Jahren darauf, aus symbolischen Gründen bei der Einfahrt nach Köln den Rhein genau in der Verlängerung der Achse des Domes zu überqueren. Die daraus resultierenden Schienenstränge, die den Zugverkehr von der Brücke aus nach Nordwesten in den Bahnhof leiten, sind so stark gebogen wie nirgends sonst im deutschen Eisenbahnnetz. Bis heute ist die Konsequenz beim Befahren ein hoher Lärmpegel und ein sehr hoher Verschleiß.

3 Er wurde am Kölner Pegel festgestellt. Ab einem Wasserstand von 8,30 Metern ist übrigens die Hochwassermarke II erreicht, mit der Folge, dass kein Schiff mehr den Rhein bei Köln befahren darf.

4 Es ist die Personenfähre über den Rhein.

5 Dafür sollte man das Schokoladen- bzw. das Deutsche Sportmuseum am Jachthafen ansteuern.

6 Diese Straßen führen rund um die Oper und das Schauspielhaus.

7 Sie verbinden das Römische Nordtor (Stadtgrenze vor 2000 Jahren) und die Eigelsteintorburg (Stadtgrenze im Mittelalter).

8 Wenn hier die Lösung stünde, wäre der Geheimtipp nicht mehr geheim. Zusatztipp: Manchmal helfen beim Lösen der Fragen auch Bildunterschriften …

❯❯ Übrigens:

Ein einfahrender Zug entlang des engen Gleisbogens zwischen Hohenzollernbrücke und Bahnhof bildete die Szenerie, in der die Brüder Lumière mit dem damals brandneuen Medium Film 1896 die ersten Bewegbildaufnahmen in Deutschland drehten.

1 Es ist der Nationalpark Eifel.
2 Sie heißt Hautes Fagnes.

3 Sie befinden sich in Belgien. In diesen Räumen rund um Eupen und rund um Sankt Vith lebt die deutschsprachige Gemeinschaft von Belgien, die neben den Flamen und den französischsprachigen Wallonen mit ihren circa 78 000 Bewohnern die dritte und kleinste Sprachengemeinschaft im Staat bildet.

4 Man erreicht die Baraque Michel, eine Herberge mitten im Hohen Venn, deren Bewohner früher allabendlich die Glocken der benachbarten Kapelle läuteten und durch diese Orientierungshilfe vielen im Hochmoor des Hohen Venn verirrten Menschen das Leben retteten.

5 Auf der Karte sind das Bergwerk Recht bei St. Vith und das Besucherbergwerk Wohlfahrt zu finden.

6 Zu sehen sind fünf Talsperren und, zählt man den Lac d' Eupen und den Lac de la Gilippe dazu, vier Stauseen. Diese Arten von künstlicher Wasserrückhaltung werden in niederschlagsreichen Gebieten betrieben, um Überflutungen durch Flüsse bei Starkregen zu vermeiden und um Trinkwasser bzw. Energie für benachbarte Ballungsräume zu gewinnen.

7 Es ist der Ort Xhoffraix, nordöstlich von Malmedy am Rande des Hohen Venn gelegen.

8 Gesucht sind die Berge Weißer Stein (691 Meter) und Schwarzer Mann (698 Meter). Etwa 1,5 Kilometer entfernt von Letzterem ragt ein Gipfel noch gut einen Meter höher in Richtung Himmel. Dies ist zugleich auch der höchste Punkt der östlichen Eifel, doch da er keinen Namen besitzt, hat der Kartograf für vereinfachende Klarheit gesorgt und es beim Einzeichnen vom Schwarzen Mann belassen.

≫ Übrigens:

Das belgische Außenministerium hatte im Jahre 2007 angeregt, die Vennbahnflächen gegen Waldstücke an der deutschen Grenze zu tauschen, doch das Auswärtige Amt in Berlin betonte, dass Grenzfragen im Vertrag von Versailles 1919 abschließend geregelt seien.

Auch der Drachenfels ist ein ehemaliger Vulkan.

6 Die Hohe Acht misst 747 Meter oder liegt – geodätisch formuliert – 746,9 Meter über Normalhöhennull (NHN). Zugleich ist dies auch der höchste Berg der gesamten Eifel sowie ein ehemaliger Vulkan. Im Gegensatz zum Laacher See stürzte er jedoch nach dem Erkalten nicht in sich zusammen.

1 Es sind acht Fähren und drei Brücken.

2 Bei dem Geburtshaus in Bonn treffen sich die B9 und die B56.

3 Dort befindet sich das Ahrtal. Diese Gegend und ihre Bewohner wurden im Sommer 2021 nach Starkniederschlägen von einer verheerenden Flutkatastrophe heimgesucht.

7 Es handelt sich um den Drachenfels, wo der Nibelungensage nach Siegfried mit dem Drachen gekämpft haben soll. Auch er ist ein ehemaliger Vulkan. Hier erreichte das Magma im Inneren allerdings nicht die Oberfläche, sondern blieb knapp unter ihr stecken und erkaltete.

8 Es ist das Radioteleskop Effelsberg.

9 Das Kloster Helgoland bei Mayen verwirrt etwas mit seinem Namen. Dieser wurde von einem ehemaligen Restaurant übernommen, das dort während des Kaiserreiches um 1900 betrieben wurde. Helgoland war zu dieser Zeit erst wenige Jahre zuvor von den Briten an Deutschland übergeben worden, was damals des Kaisers Untertan mit sehr viel Stolz erfüllte.

4 Er heißt Brohltalbahn, besser bekannt als Vulkan-Express.

5 Sie erreichen dann die Motorsport-Rennstrecke Nürburgring.

1 Er liegt 230 Meter über Normal-höhennull. Auf dem Berg wurde vor einigen Jahren ein Aussichtsturm errichtet, inklusive der Nachbildung eines optischen Telegrafen aus der damaligen Zeit.

2 Das Dorf heißt Sommersell.

3 Die Wahl würde auf den Bahnhof Steinheim fallen, der 2016 von der Jury des Vereins Allianz pro Schiene zum kundenfreundlichsten Bahnhof Deutschlands gewählt wurde.

4 Touristisch besonders interessante Orte werden auf Karten dieser Art oft mit einem roten Kasten umrahmt, und tatsächlich besitzt Schwalenberg eine ganze Reihe von idyllischen Fachwerkhäusern.

5 Bundesstraßen sind an markanten Stellen mit großen roten »Steck-nadeln« versehen. Die Entfernung zwischen diesen Nadeln ist jeweils auf halber Strecke mit einer großen roten Zahl angegeben. Entlang der Strecke Höxter–Blomberg fährt man 33 Kilometer (8+20+5).

6 Landschaftlich schöne Strecken ha-ben bei diesen Karten üblicherweise einen grünen Begleitstrich. So würde sich etwa eine Tour via Lütmarsen, Ovenhausen, Eilversen und Schieder-Schwalenberg anbieten.

7 Ihn erwarten viele Steigungen, zu erkennen an den schwarzen Pfeilen. Zeigen sie in Fahrtrichtung, geht's bergauf, entgegengesetzt geht's bergab.

8 Station 30 lag auf 324 Metern über Normalhöhennull und Station 29 auf 496 Metern. Man erkennt an den Werten, dass sich die Telegrafenlinie in Richtung Berlin anschickte, das Weserbergland zu erklimmen.

》 Übrigens:

Geheime Depeschen wurden stets verschlüsselt gesendet, um sie abgucksicher zu machen.

Auf moorigen Pfaden im Harz

Das Brockenhaus auf dem Gipfel des höchsten Harzberges.

1 Es sind vier Bundesstraßen: B6, B82, B241 und B498.

2 Durch Goslar führen die Europäischen Fernwanderwege E6 und E11. Der E6 verläuft in Nord-Süd-Richtung über etwa 5200 Kilometer von Finnland bis in die Türkei. Auf dem E11 kann man in Ost-West-Richtung zwischen Polen und den Niederlanden gut 2000 Kilometer zurücklegen.

3 Beide Fernwanderwege führen durch den Nationalpark, allerdings nur auf relativ kurzen Abschnitten zwischen Bad Harzburg und Ilsenburg bzw. südlich von Altenau.

4 Es ist der Harzer Hexenstieg. Auf der direkten Strecke von Osterode (Niedersachsen) über den Brocken nach Thale (Sachsen-Anhalt) sind es knapp 100 Kilometer.

5 Ins Tal gelangt man mit der Brockenbahn, entweder auf direktem Wege nach Wernigerode oder man steigt in Drei-Annen-Hohne um und fährt mit der Harzquerbahn nach Nordhausen weiter.

6 Gesucht wird die Oder. Sie entspringt (nicht eingezeichnet) nahe der Achtermannshöhe, bei Oderbrück. Nach 56 Kilometern bergab fließt sie in die Rhume.

7 Es gibt zahlreiche Teiche, in der Region insgesamt etwa 70 kleinere, aber auch größere (im eigentlichen Sinne Talsperren). Die heute als Oberharzer Teiche bekannten Gewässer legten Bergleute zwischen dem 16. und 18. Jahrhundert an; ursprünglich, um Wasserräder anzutreiben, die den Betrieb von Pumpen, aber auch Förderanlagen und Pochwerken und damit den Bergbau überhaupt erst ermöglichten. Dieses System der Umleitung und Speicherung von Wasser genießt als Oberharzer Wasserregal seit 2010 UNESCO-Welterbeschutz.

8 Sie heißen Baumannshöhle und Hermannshöhle, zwei Tropfsteinhöhlen in Rübeland.

Urgeschichtliches an der Unstrut

1 Rund um Mansfeld finden sich drei Eisenbahn-Symbole.

2 Der gesuchte Ort heißt Mönchspfiffel-Nikolausrieth und liegt östlich von Artern. Mönchspfiffel ebenso wie Nikolausrieth gehörten zum Zisterzienserkloster Walkenried. Am einen Ort lebten Mönche, im anderen Nonnen.

3 Man besucht die Arche Nebra.

4 Ja. Sehr gut sogar: Der Bahnhof Wangen befindet sich nur 700 Meter vom Besucherzentrum Arche Nebra entfernt. Zugegeben, in der Karte ist das nicht ganz zweifelsfrei zu erkennen.

5 Es sind zwei – Unstrut und Saale – und gut 80 Flusskilometer.

6 Goseck liegt zwischen Naumburg und Weißenfels (an der Saale).

Die Himmelscheibe von Nebra.

7 Dort verstecken sich Halloren (-kugeln) – und zwar im Halloren- und Salinenmuseum. Ursprünglich führt der Begriff Halloren auf die Hallenser Salinenarbeiter des Spätmittelalters zurück. Das gleichnamige schokoladenüberzogene Kugelkonfekt soll an die silbernen Knöpfe an der Zunftkleidung der Halloren erinnern.

8 Klar wird: Es sind keine regulären Bahnen. Tatsächlich handelt es sich um die Mansfelder Bergwerkbahn. Im Mansfeldischen wurde erstmals 1199 Kupferschiefer gewonnen und im 15. Jahrhundert begann man mit dem Abbau von Kupfererz im großen Maßstab. Ab 1880 wurde dieses mithilfe der Mansfelder Bergwerksbahn transportiert – heute die älteste betriebsfähige Schmalspurbahn Deutschlands.

1 Er zeigt die fünf Haltestellen Leipzig Hauptbahnhof, Leipzig Markt, Wilhelm-Leuschner-Markt, Bayerischer Bahnhof sowie Leipzig MDR.

2 Dazu muss man an der Haltestelle MDR aussteigen.

3 Den Besuch der Deutschen Nationalbibliothek kann man gut mit einer Besichtigung des Deutschen Buch- und Schriftmuseums verbinden, das zu den weltweit ältesten Fachmuseen seiner Art zählt. Der Eintritt ist kostenfrei.

4 Straße und Gebäude namens Großer Brockhaus liegt östlich des Innenstadt-/Georgirings.

5 Der Fockeberg (155 Meter) ist nach dem Zweiten Weltkrieg als Trümmerkippe entstanden.

6 Im Nordwesten der Innenstadt befinden sich die Deutsche Zentralbücherei für Blinde sowie der Blindenpark.

7 Das Viertel liegt südwestlich des Stadtzentrums. In Ost-West-Richtung verlaufende Straßen sind hier vorwiegend nach Komponisten von Beethoven über Mozart und Haydn bis Schumann benannt. In der ehemaligen Auenlandschaft wurde im 19. Jahrhundert unter anderem das »Neue Concerthaus« und das »Königliche Conservatorium« der Musik erbaut, auf diese Häuser spielt der (inoffizielle) Name ursprünglich an.

8 Sie steuern die Moritzbastei an. Studenten entdeckten in den 1970er-Jahren Reste der Befestigungsanlage für sich, räumten die Gewölbe von Schutt frei und richteten einen Club ein, der heute ein Kulturzentrum ist.

 ## Übrigens:

Leipzig ist Deutschlands älteste Messestadt, das Reichsmesseprivileg verlieh Kaiser Maximilian I. bereits 1497. Bis heute prägen alte, prachtvolle Handelshöfe das Bild der Innenstadt.

1 Es ist die Bundesstraße 81.

2 Man findet hier noch die Colbitz-Letzlinger Heide, einen Truppenübungsplatz der Bundeswehr und nebenbei das größte unbewohnte Gebiet Deutschlands.

3 Daran erinnert das Grenzmuseum Helmstedt.

4 Sie heißt Magdeburger Börde, eine Region mit besonders fruchtbaren Böden, weil dort während der letzten Eiszeit sehr viel Löss abgelagert wurde.

5 Man nennt sie Kalimandscharo.

6 Es handelt sich um Tangermünde. Die Stadt war im Mittelalter Mitglied der Hanse und stellte ähnlich wie Lübeck ihren Reichtum unter anderem durch die Errichtung von prächtigen Backsteingebäuden zur Schau.

7 Sie heißt Elbe-Havel-Kanal.

8 Eine ebenerdige Kreuzung hätte wegen des Höhenunterschiedes zur tiefer liegenden Elbe den Bau von Schleusen auf der Kanalstrecke bedeutet, was die Fahrzeiten für die Schiffe zwischen dem Ruhrgebiet und Berlin deutlich verlängert hätte. Außerdem ist in dem künstlich geschaffenen Kanal eine Wassertiefe von zwei Metern dauerhaft garantiert. Dieser Wert schwankt auf der Elbe natürlicherweise stark und wird in den trockneren Monaten deutlich unterschritten.

⟩⟩ Übrigens:

Hansestädte befanden sich nicht nur an den Küsten, sondern auch wie beispielsweise Magdeburg und Tangermünde entlang großer Flüsse.

Blick vom Turm der Frauenkirche Meißen auf den Marktplatz mit Rathaus.

5 Es sind 400 Meter Luftlinie. Zum groben Überschlag hilft das Lineal unten links in der Karte.

6 Nein, sie ist nicht zu sehen. Die Manufaktur befindet sich südwestlich des Stadtzentrums in der Talstraße, eine Verlängerung der (zu erkennenden) Neugasse.

1 Es sind vier Kirchen.

2 Er lautet Frauenkirche. Darauf weist die geografische Bezeichnung »An der Frauenkirche« hin.

3 Der Platz hat keinen Namen, heißt fürs Stadtmarketing aber inzwischen »Fummelplatz«, wenngleich dies keine offizielle Postadresse ist.

4 Ziel ist die Altstadtbrücke in der Verlängerung der Elbstraße, heute eine funktional-nüchterne fünffeldrige Spannbetonbrücke.

7 Sie erinnern an insgesamt sechs Handwerke/Zünfte: Leinewebergasse, Webergasse, Schlossergasse, Fleischergasse und Baderberg im Stadtkern. Hinzu kommt die Fährmannstraße jenseits der Trebisch.

8 Es geht hinauf. Die Stadt wurde am Elbufer und damit im vom Fluss ausgewaschenen Tal gebaut. Von Meißen (flussaufwärts über Dresden und) bis Pirna spricht man auch vom Elbtalkessel, eine etwa 45 Kilometer lange fruchtbare Aufweitung.

#29
Alle Wege führen nach Gotha

1 Es ist der Thüringer Wald.
2 Die Wartburg liegt südlich von Eisenach.
3 Die A71, ein Autobahnneubau im Rahmen des Verkehrsprojektes Deutschen Einheit, verbindet seit 2015 die Regionen Erfurt und Schweinfurt miteinander.

4 In diesen Abschnitten verläuft die A71 unterirdisch in Tunnelbauwerken: Das längste ist mit knapp acht Kilometern der längste Autobahntunnel Deutschlands. Ebenfalls einen deutschen Rekord erreichten mit zehn Millionen Euro pro Kilometer die Baukosten für diesen Abschnitt der Autobahn.

5 Im Nationalpark Hainich befindet sich ein Baumkronenpfad. In luftiger Höhe erkundet man die Wipfel der Buchen, die hier unberührt wie in einem Urwald wachsen dürfen.

6 Das ist die Endung »-leben«. Sie bedeutet »etwas Überlassenes, Zurückgelassenes, Erbe«.
7 Es handelt sich um den Rennsteig, Deutschlands ältesten Weitwanderweg.
8 Bei Bischleben geht die weiße Linie in die Eisenbahnstrecke Gotha-Erfurt über. Die schwach gekrümmte Linienführung deutet auf eine Hochgeschwindigkeitsstrecke hin. In der Tat verläuft hier entlang die Eisenbahn-Schnellfahrstrecke zwischen Erfurt und Nürnberg, auch ein Verkehrsprojekt der deutschen Einheit mit dem Ziel, die Räume Berlin, Leipzig, Erfurt, Nürnberg und München besser miteinander zu verknüpfen. Durch die Errichtung von zahlreichen Tunnelbauwerken konnte man die Streckenführung sehr geradlinig halten, was Fahrgeschwindigkeiten von bis zu 300 km/h erlaubt.

❯❯ Übrigens:

Mit der Vollendung der beiden hier genannten Schienen- und Autobahnneubauten waren 31 Jahre nach der deutschen Einheit alle 17 Vorhaben des Programms Verkehrsprojekte Deutsche Einheit weitgehend abgeschlossen.

Blick auf die Brücke der Einheit in über die Werra in Vacha.

1 Das dritte Bundesland ist Hessen (im Westen).

2 Dort befindet sich Frankenheim, ein Ort mit etwa 1200 Einwohnern. Nordwestlich und südöstlich des Ortes waren die Grenzbefestigungen nur einen Kilometer entfernt. Während der deutschen Teilung war nur noch Birx abgelegener, wohin die Straße nach Südwesten führte. Das Dorf war damit an drei Seiten in nächster Nähe von der Grenze umgeben, teils kaum 200 Meter entfernt.

3 Der direkte Weg führt grob Richtung Westen nach Hilders, wo immer donnerstags der Ulstertaler Wochenmarkt stattfindet.

4 In Gersfeld gibt's eine stündliche Verbindung, mit der man innerhalb von etwa 45 Minuten von Fulda aus mitten in die Rhön gelangt.

5 Mit 950 Metern ist die Wasserkuppe der höchste Berg der Rhön sowie Hessens. Sie ist von Weitem gut erkennbar, denn hier steht noch eines von einst vier Radomen: Die große Radarkuppel wurde während des Kalten Krieges militärisch genutzt. Ganz in der Tradition von Otto Lilenthal (Rätsel 15) wurde auf der Wasserkuppe in den 1920er-Jahren das moderne Segelfliegen entwickelt.

6 Dieser Teil wird als Schwarze Berge bezeichnet, erkennbar am kursiven Schriftzug in der Karte. Als Teil der sogenannten Hohen Rhön, einem Hochplateau, sind die Schwarzen Berge eines der größten Naturschutzgebiete Bayerns.

7 Es ist die Werra, auch zu erkennen an dem Zusatz bei den Ortsnamen Philippsthal und Heringen. 1962 begannen DDR-Trupps nach Berliner Vorbild eine drei Meter hohe Mauer am Ufer der Werra zu errichten. Die Werrabrücke in Vacha lag während der deutschen Teilung direkt auf der innerdeutschen Grenze. Mit der Wiedervereinigung erhielt die ursprünglich mittelalterliche Steinbogenbrücke den Beinamen Brücke der Einheit.

1 Auf der Karte sind es fünf Brücken und zwei Stege.

2 Es ist der Portikus, eine Ausstellungshalle für zeitgenössische Kunst.

3 Dann würde man das Deutsche Filmmuseum ansteuern.

4 Man sollte in der Station Konstablerwache umsteigen.

5 a) »Ober« bedeutet bei Flüssen »höher gelegen«. Somit entsteht ein Gefälle, welches die Fließrichtung des Wassers bestimmt. Anders ausgedrückt: Der Main fließt auf der Karte von rechts nach links.
b) Selten kann man bei großen Städten die mittelalterliche Ausdehnung so gut auf Karten nachvollziehen wie in Frankfurt. Die Grünanlage ist der Freiraum, der sich unmittelbar an die Stadtmauer anschloss. Nach der Schleifung der mittelalterlichen Befestigungsanlage in den Jahren 1804 bis 1812 wurde per Gesetz festgelegt, dass dieser Raum nicht bebaut werden darf.

6 Auf diesem Weg gelangt man zu Johann Wolfgang von Goethe, der 1749 in Frankfurt etwa 500 Meter östlich seines Denkmals geboren wurde.

7 Sie befindet sich in der Frankfurter Paulskirche. 1849 war dies der Tagungsort der ersten Volksvertretung für Deutschland, der Frankfurter Nationalversammlung. Heute wird hier unter anderem während der Frankfurter Buchmesse der Friedenspreis des Deutschen Buchhandels verliehen.

8 2020 erfolgte die Verkleinerung der EU. Mit dem Austritt Großbritanniens musste der 2012 fertiggestellte Skycraper The Shard (309 Meter) im Londoner Stadtteil Southwark den Titel wieder an Frankfurt abgeben. Aber der nächste Rekord steht bevor: Der neue Varso Tower in Warschau soll 310 Meter messen.

##》 Übrigens:

Die Deutsche Bahn AG plant zur Zeit mitten durch den Kartenausschnitt den Bau eines unterirdischen Eisenbahntunnels, um den weiter westlich gelegenen Kopfbahnhof Frankfurt Hbf mit einer Durchfahrstrecke für den Fernverkehr zu erweitern.

Auf der Mosel vor der Reichsburg Cochem.

Antworten
32

Die Schleifen bei Cochem

1 Es ist der Flughafen Hahn, den ein hier ansässiger Billigfluganbieter als Frankfurt-Hahn bezeichnet, obwohl der eigentliche Frankfurter Flughafen über 100 Kilometer weiter westlich liegt.

2 Zu diesem Zweck gehen sie über die Hängeseilbrücke Geierlay.

3 Es ist der Nationalpark Hunsrück-Hochwald.

4 Der Wanderweg heißt Moselsteig. An ihm befindet sich einer der spektakulärsten Aussichtspunkte über die Moselschleifen. Welcher das ist, verrät der Schnittpunkt der beiden am Rand der Karte zusätzlich eingetragenen Koordinatenlinien.

5 An dem Fluss verteilen sich mehrere römische Kelteranlagen.

6 Das Geld befand sich im Bundesbank-Bunker in Cochem. Hier lagerte während des Kalten Krieges streng geheim und gut getarnt unter einer oberirdischen Einzelhausbebauung eine deutsche Ersatzwährung. Man befürchtete im Falle einer Auseinandersetzung zwischen Ost und West die Einschleusung von enormen Falschgeldmengen ins Land, was eine Hyperinflation ausgelöst hätte.

7 Es ist der 816 Meter hohe Erbeskopf, übrigens mit der sehr sehenswerten und begehbaren Skulptur »Windklang« des Künstlers Christoph Mancke, auf deren Aussichtsplattform Besucher und Landschaft sich gegenseitig präsentieren.

8 Nein, denn hinter Cochem beginnt mit dem Kaiser-Wilhelm-Tunnel eine Streckenführung weitgehend abseits der stark gewundenen Moselschleifen. Die Strecke diente offenbar nicht primär der Erschließung der Orte an der Mosel, sondern der schneller Erreichbarkeit des Trierer Raumes.

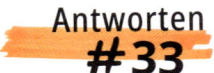

1 Nur eine: Am Autobahndreieck Saarlouis überquert die A8 die Saar. Alle weiteren Brücken leiten Bundes- oder Landstraßen über den Fluss.
2 Es ist der Litermont (414 Meter). Auf dem Berg steht ein weit sichtbares Gipfelkreuz.

3 Man findet drei: Düppenweiler, Primsweiler und Landsweiler.
4 Es ist die Siersburg bei Rehlingen-Siersburg.

5 Darauf weist das Römische Bergwerk bei Wallerfangen hin. Die Römer haben hier Kupfer abgebaut. Der antike Stollen ist das einzige direkte Zeugnis für mitteleuropäischen Untertage-Bergbau während der Römerzeit.
6 Die A8 führt von der französisch-deutschen Grenze bei Perl bis an die deutsch-österreichische Grenze bei Bad Reichenhall/Piding. Sie gehört zu den wichtigsten Ost-West-Autobahn-verbindungen in Mitteleuropa.
7 Das ist eher unwahrscheinlich: Die Begrifflichkeiten »links« bzw. »rechts eines Flusses« beziehen sich auf die Fließrichtung. Links der Saar meint also das linke Ufer flussabwärts geschaut. Auch wenn man nicht bereits weiß, in welche Richtung die Saar fließt, lässt sich dies aus der Karte ablesen. Dazu schaut man sich an, wie Nebenflüsse münden. Zum Beispiel erkennt man an der Bist, die zwischen Völklingen und Saarlouis in die Saar fließt, sehr gut, dass die Saar von Südost nach Nordwest fließen muss; anderenfalls müsste der Mündungswinkel entgegengesetzt zeigen. Das Saarpolygon befindet sich bei Saarlouis also rechts des Flusses (flussabwärts gesehen). Tatsächlich führt auch hier der Saarradweg am linken Flussufer entlang. Um zu der auf einer Bergehalde thronenden Skulptur Saarpolygon zu gelangen, ist es notwendig, vom linken aufs rechte Flussufer zu wechseln.

Weltkulturerbe Völklinger Hütte.

1 Es sind die A6 und die A3, und zwar am Autobahnkreuz Neunkirchen.

2 Ja. Sogar beide kreuzen die Blies, die im nördlichen Saarland entspringt und in Saareguemines in die Saar mündet.

3 Sie ist fünf- plus einmal zu finden: Ruben-, Herbitz-, Wolfers-, Bliesdal- und Neualtheim sowie Kirchheimerhof.

4 Es heißt Biosphäre Bliesgau und ist geprägt durch Auenlandschaften, Wälder und Streuobstwiesen. Solche UNESCO-Modellregionen sollen eine nachhaltige Entwicklung verwirklichen, die ein ständiges Abwägen ökologischer, ökonomischer und sozialer Fragestellungen mit sich bringt.

5 Der etwa 4000 Jahre alte Gollenstein erhebt sich auf einer Wiese am Ortsrand von Blieskastel und gilt mit 6,60 Metern als größter Hinkelstein (oder auch Menhir) Mitteleuropas. Derartige Steine sind an ganz verschiedenen Orten zu finden und haben im Laufe der Zeit wohl unterschiedlichste Funktionen gehabt. Deutungen reichen heute von mythischen Kraftplätzen über ein Symbol der Fruchtbarkeit und Ausdruck der Lebenslust bis hin zu Orten, an denen Herrschende ihre Macht demonstrierten.

6 Der Kulturpark ist ein Europäer durch und durch und grenzüberschreitend: Bliesbruck liegt in Frankreich, Reinheim in Deutschland. Die grüne Grenze verläuft mitten durch der Park, dessen Außenflächen man rund um die Uhr besuchen kann. Zu sehen gibt's vor allem (im französischen Teil) die Grundmauern einer römischen Handwerkersiedlung und (im deutschen Teil) ein gallo-römisches Landgut. Außerdem befindet sich in einem kleinen Museum die Rekonstruktion eines keltischen Prunkgrabs, in dessen Grabkammer eine reich mit Schmuckbeigaben versehene Frau – Heilerin, Priesterin, Seherin? – aufgebahrt war.

7 Zugegeben, es klingt vielleicht zunächst etwas verworren. Doch gesucht ist das nach dem (mit Kopfweiden gesäumten) Mandelbach benannte Mandelbachtal. Übrigens heute die einzige Gemeinde im Saarland, die nicht nach einem Ort bezeichnet ist.

1   Vier Brücken führen über den Neckar. Von Ost nach West: die Friedrich-Ebert-Brücke, die Kurpfalzbrücke und die Jungbuschbrücke. Die vierte ist eine namenlose Eisenbahnbrücke.

2   Es sind zwanzig Buchstaben: von A bis H (acht) und von J bis U (zwölf). Um vorhersehbare ständige Verwechslungen zu vermeiden, wurde das I ausgelassen.

3   Sie lag etwa 250 Meter entfernt: Die Karte hat den Maßstab 1:20 000, ein Zentimeter entspricht damit 200 Metern. Die Strecke in der Karte misst etwa 1,3 Zentimeter, also sind es 260 Meter.

4   Sie blickten auf den Rhein.

5   Viele Klassen kommen in der Jugendherberge Rheinpromenade unter.

6   Man überquert die Bundeslandgrenze (erkennbar an der Strich-Punkt-Linie mitten durch den Rhein). Mannheim liegt in Baden-Württemberg, Ludwigshafen in Rheinland-Pfalz.

7   Eine Straße am oberen Rand des Kartenausschnitts erinnert an Carl Benz. Im Januar 1886 meldete er sein dreirädriges »Fahrzeug mit Gasmotorenbetrieb«, das erste Benzin-Automobil der Welt, zum Patent an. Außerhalb des Fabrikgeländes, auf der Ringstraße, war sein »pferdeloser Wagen« erstmals im Sommer des gleichen Jahres zu sehen.

Mannheim im Abendrot.

1 Es ist die B466, die kurz vor Nürnberg in die B2 übergeht.

2 So erreicht man das Schloss Dennenlohe mit seinem eindrucksvollen Park. Hier wird alljährlich der Deutsche Gartenbuchpreis vergeben.

3 Dann könnte man das Aischgründer Karpfenmuseum in Neustadt besuchen.

4 Man sieht den Main-Donau-Kanal, die Verbindung von Rhein/Main in die Donau und damit ins Schwarze Meer.

5 Es ist die Altmühl. Dieser sehr idyllische, langsam fließende Fluss musste mehrere Umgestaltungen hinnehmen. Der künstlich angestaute Altmühlsee dient als Wasserreservoir für das weiter nordöstlich gelegene wasserärmere Regnitz-Main-Gebiet. Die letzten 34 Kilometer der Altmühl, bevor sie in die Donau mündet, wurden vertieft und begradigt, weil sie hier Teil des Main-Donau-Kanals ist.

6 Das Stadion wurde nach Max Morlock, dem 1994 verstorbenen Fußballspieler des 1. FC Nürnberg, benannt.

7 Dabei handelt es sich um Pappenheim. »Daran erkenne ich meine Pappenheimer« zitiert eine Stelle aus Schillers Drama »Wallensteins Tod«. Der Feldherr Wallenstein würdigt damit die besondere Treue und Verlässlichkeit des Regiments im Dreißigjährigen Krieg, das von General Gottfried Heinrich zu Pappenheim angeführt wurde. Ganz so positiv gemeint ist die heutige Bedeutung der Redensart allerdings nicht mehr.

8 Auf dem Kartenausschnitt sind an die 20 Schlösser, Burgen oder Ruinen eingetragen. Das ist verglichen mit den anderen Kartenausschnitten dieses Buches eine sehr hohe Anzahl. Und in der Tat präsentiert sich die Region im Bereich Tourismus als Landschaft mit der höchsten Dichte von Burgen und Schlössern Bayerns.

⟫ Übrigens:

Zwischen Nürnberg und Fürth fuhr 1835 die erste Eisenbahn in Deutschland. Nach deren erstem Lokführer William Wilson wurde später in Nürnberg eine Straße benannt.

Im Fluss gebaut: Altes Rathaus in Bamberg.

1 Es sind neun: Gärtner- und Häcker-museum (in der Gärtnerstadt), Naturkundemuseum, Museum für frühislamische Kunst, E.T.A.-Hoffmann-Haus (in der Inselstadt), Sammlung Ludwig, Fränkisches Brauereimuseum, Diözesanmuseum, Historisches Museum sowie Villa Concordia (in der Bergstadt).

2 Man wandert im Uhrzeigersinn.

3 Es ist das Spezial-Bier. »Auf« dem gleichnamigen Keller.

4 Sie sind in der Dr.-Karl-Remeis-Sternwarte zu sehen, die heute der universitären Ausbildung sowie Forschung dient und im Rahmen einer öffentlichen Führung besucht werden kann.

5 Die Koordinaten führen zum Alten Rathaus Bamberg. Dessen Standort auf einer eigens aufgeschütteten Insel in der Pegnitz erscheint kurios, war aber ein geschickter Kompromiss: So konnte zwischen dem weltlichen (Inselstadt) und dem geistlichen Stadtgebiet (Bergstadt) vermittelt werden.

6 Es ist der Harmoniegarten.

7 Einen tollen Blick bietet der Aussichtsturm Böhmerwiese. Die innerstädtischen Anbauflächen, auf die man von hier schaut, werden seit dem 14. Jahrhundert ununterbrochen genutzt. Zwar ist die Zahl der Gärtnereien stark gesunken, aber die Stadt hat es sich allein schon wegen ihres Welterbetitels zur Aufgabe gemacht, dieses grüne Areal zu erhalten.

8 Ein Zentimeter entspricht in diesem Maßstab 135 Metern. Bei drei Zentimetern in der Karte sind es damit 405 Meter.

9 Besonders häufig findet man Weiden. Sie mögen es feucht und wachsen oft an See- und Flussufern. Auch Straßennamen wie Weidendamm und Am Weidenufer deuten im Stadtplan darauf hin, dass es hier in früheren Jahrhunderten viele dieser Bäume gab.

Am Limes bei Kelheim

1 Über den Fluss führen drei Autobahnen, und zwar die A9 bei Ingolstadt
sowie die A3 und die A93 bei
Regensburg.

2 Es sind zwei Orte: Bad Abbach und
Bad Gögging. Beide tragen mit dem
Wörtchen »Bad« den Hinweis im
Namen, dass es sich um Kurorte
handelt. Hier kann man sich die
Vorzüge eines Thermalbads zunutze
machen, daher auch das entspre-
chende Piktogramm.

3 In C11 findet man sechs Orte mit
dieser Endung: Untermettenbach,
Obermettenbach, Aiglsbach,
Haunsbach, Unterwangenbach und
Oberwangenbach.

4 Nein. Der höchste eingezeichnete
Berg in C7 ist der Boslberg mit
604 Metern. Er liegt auf dem Truppenübungsplatz Hohenfels – das
Gelände ist damit militärisches Sperr-
gebiet und für die Öffentlichkeit nicht
zugänglich.

5 Der Limes ist als doppelter Strich mit
gleichmäßigen grauen Schraffierun-
gen und somit andeutungsweise als

Übrigens:

Einst floss die Donau weiter nördlich, im heutigen Altmühltal. Was
wir heute als Donaudurchbruch
oder Weltenburger Enge kennen,
wurde im geologischen Sinne
von einem kleinen Nebenfluss der
Urdonau erschaffen.

Grenzzaun zu erkennen. In der Karte
sind drei Abschnitte eingezeichnet.

6 Es ist das Kastell Abusina nördlich
von Neustadt an der Donau.

7 Das Ziel ist Langquaid.

8 Die Altmühl bildet das westliche
Ende. Der zweite Teil der Eselsbrü-
cke, welche die Donauzuflüsse beschreibt mit »... Wörnitz, Altmühl,
Naab und Regen fließen links entgegen.«, gibt den Hinweis. Bei Diet-
furt, wo die Altmühl auf den Main-Donau-Kanal trifft, hat sie noch knapp
35 Kilometer bis zur Donau vor sich.
Für den Kanalbau wurde ihr Bett
erweitert und es wurden zwei Stau-
stufen samt Schleusen gebaut. In
den 1970er- und 1980er-Jahren war
das Projekt umweltpolitisch höchst
umstritten.

Auf alten Steigen im Bayerischen Wald

1 Hier sind Teile dreier Länder zu sehen: Deutschland, Österreich und Tschechien.

2 Es ist der Plöckenstein mit 1378 Metern. Der Berg erhebt sich etwas östlich des Dreiländerecks, das namentlich in der Karte allerdings nicht zu finden ist.

3 Über die Grenze führen drei Straßen: eine Landstraße bei Haidmühle/ Nové Udoli, die B12 bei Philippsreut/ Strážný und eine Landstraße bei Finsterau/Bučina.

4 Relevant ist noch die frühere Handelsverbindung bei Philippsreut. Aus diesem Teilstück, Mittlerer Goldener Steig oder Winterberger Weg genannt, das bereits ab dem Jahr 1000 begangen wurde, hat sich die heutige Bundesstraße B12 entwickelt, die von Lindau über München bis nach Prag führt.

5 Es heißt Narodni Park Šumava, was Nationalpark Böhmerwald bedeutet. Geologisch gesehen ist der Böhmerwald ein einziges Gebirge. Durch die politischen Grenzen werden aber unterschiedliche Namen verwendet und so wird der bayerische Teil des Böhmerwalds Bayerischer Wald oder Bayerwald genannt.

6 An e nem Fluss entlang und in den Bayerischen Wald hinein fährt einzig die Ilztalbahn. Die Strecke führt auf knapp 50 Kilometern von Passau weg. Zwar trennen sich die Wege von Ilz und Bahn auf knapp halber Strecke am Fürsteneck. Doch mit der Bahn gelangt man bis Freyung, mit knapp 7000 Einwohnern das administrative Zentrum des Kreises Freyung-Grafenau.

7 In Hauzenberg befindet sich das Granitzentrum, das in der Ausstellung »Steinwelten« die Aufmerksamkeit auf den wichtigsten regionalen Naturstein, den Granit, lenkt. Viele Bauten im Bayerischen Wald zeugen von der granitreichen Geschichte, etwa der imposante Gidibauer. Dabei handelt es sich um einen denkmalgeschützten Dreiseithof gleich in Nachbarschaft der Ausstellung, heute ein familiengeführtes Naturhotel und Restaurant.

》》 Übrigens:

Almen gibt es nicht nur in den Alpen. Im Bayerischen Wald heißen die meist durch den Menschen entstandenen Lichtungen allerdings Schachten.

1 Man gelangt aus drei Richtungen nach Ramsau: über die B305 von Berchtesgaden im Osten sowie von Siegdorf/Schneizlreuth im Nordwesten. Außerdem führt eine Straße von Westen (Hintersee) hierhin.

2 Er befindet sich in Berchtesgaden.

3 Eine weitere begehrte Anlaufstelle war der Malerwinkel am Königssee.

4 Dort liegt der Nationalpark Berchtesgaden, Deutschlands einziger Alpen-Nationalpark.

5 Fünf entdeckt man direkt auf der Grenze, ein weiteres knapp daneben. Von Ost nach West: Großes Teufelshorn, Alpriedhorn, Großes Palfenhorn, Schottmalhorn und Sonntagshorn. Das Stadelhorn ist in unmittelbarer Nähe eingezeichnet. Dass diese Oberbayern-Karte nur der ersten Orientierung dienen kann, ist selbstredend. Eine präzise Wanderkarte würde zeigen, dass beispielsweise das Stadelhorn sehr wohl ein Grenzgipfel ist, die Grenze aber nicht über das Schottmalhorn (2045 Meter) führt, sondern – etwas unerwartet – über das mit 2031 Metern knapp niedrigere Hohe Gerstfeld. Zudem in solch einer Karte erkennbar: Noch viel mehr Hörner markieren die deutsch-österreichische Grenze in der Region. Wie viele, ließe sich in der Karte BY21 (im Maßstab 1:25 000) des Deutschen Alpenvereins (DAV) nachzählen.

6 Es ist das Große Teufelshorn mit 2361 Metern.

7 Weit hinauf geht's zum Matrashaus, einer Schutzhütte des Österreichisches Touristenklubs ÖTK. Es thront auf dem 2941 Meter hohen Hochkönig und ist eine der höchstgelegenen Schutzhütten der Ostalpen.

8 Man würde an drei Hütten vorbeikommen: der Wimbachgrieshütte, dem Kärlingerhaus und dem Riemannhaus. Allerdings ist spätestens die letzte Etappe vom Riemannhaus zum Hochkönig mit mehr als zehn Stunden Gehzeit sehr geübten Bergsteigerinnen und Bergsteiger vorbehalten.

9 Abkühlung bietet die Schellenberger Eishöhle. Sie liegt auf knapp 1600 Metern am Rand des Untersbergmassivs und ist nur auf einer mehrstündigen Wanderung zu erreichen.

10 Es ist Salz, das weiße Gold, auch erkennbar an der Silbe »Hall«.

wo es sich im Sommer gut joggen lässt, wird im Winter gern gerodelt.

1 Gespeist wird er durch den Nymphenburg-Biedersteiner Kanal.

2 Dort befindet sich das Museum für Rockmusik.

3 Es ist der 33 Hektar große Luitpoldpark.

4 Dafür eignet sich die Russisch-Orthodoxe Kapelle, die mit einer ganz besonderen Geschichte aufwartet. Der russische Eremit Timofej hat sie hier gemeinsam mit seiner Frau Natascha in den 1950er-Jahren privat errichtet. Sie entstand auf einem Berg von Kriegstrümmern, mit dem Wunsch, einen Ort der friedlichen Zusammenkunft zwischen den östlichen und westlichen Kulturen zu schaffen. Jeden Sommer findet auf dem Parkgelände um diese Kapelle herum das Tollwood Festival statt, ein mehrwöchiger, nach Grundsätzen einer ökologischen Nachhaltigkeit konzipierter Markt mit Musik, Theater und Kunstprojekten.

5 So umrundet man den Löwenbräukeller, der sich bereits seit 1883 an diesem Ort befindet.

6 Es häufen sich die Museen. Das Gebiet wird auch als Kunstareal von München bezeichnet, befinden sich hier doch 18 Museen und Ausstellungshallen sowie zahlreiche Galerien.

7 Es ist das Sophie-Scholl-Gymnasium in der Nähe des Luitpoldparks.

8 Dies kann man in der U-Bahn-Station Scheidplatz tun, wo sich beide Linien treffen.

9 Die Tiere findet man im Krone-Bau des Zirkus Krone (Marsstraße/Ecke Zirkus-Krone-Straße). Seit 1919 hat der Zirkus hier einen eigenen festen Bau, den er von Weihnachten an bis Ende März mit wechselnden Programmen bespielt. In den restlichen Monaten des Jahres geht er mit eigener Zeltstadt auf Tournee.

Die Donauquellen am Rande des Schwarzwaldes

1. Dort befindet sich der Schwarzwald. Den Hinweis geben die Ergänzungen in einigen Ortsnamen.
2. Im Zentrum der Karte sieht man Villingen-Schwenningen. Seit der Gemeindereform von 1972 wurden die ehemaligen Einzelstädte zu einer Stadt mit circa 80 000 Einwohnern zusammengelegt.
3. Die Quelle des Neckars liegt südlich von Schwenningen.

4. Es ist der 821 Meter hohe Schellenberg.
5. Die Deutsche Uhrenstraße verbindet die Zentren der Schwarzwälder Uhrenherstellung.
6. So umrundet man die Wutach- und die Gauchachschlucht.

7. Sie heißt Sauschwänzlebahn. Ende des 19. Jahrhunderts wurde diese vom preußischen Militär geplant, um eine Verbindung zwischen Ulm und Basel zu errichten, ohne Schweizer Territorium zu berühren. Steile Bergkuppen mussten dazu kurvenreich umgangen werden.

8. Zu den Überbleibseln zählen das Römische Bad bei Hüfingen und das Römerkastell zwischen Oberndorf und Schramberg.
9. Zwischen den beiden nur acht Kilometer voneinander entfernt gelegenen Zentren der Doppelstadt Villingen-Schwenningen verläuft eine europäische Wasserscheide. Man kann auf der Karte gut erkennen, dass Regen, der in dem östlich gelegenen Villingen fällt, in die Brigach läuft und damit, sofern er natürlich unterwegs nicht versickert, über die Donau ins Schwarze Meer gelangt. Im östlicheren Schwenningen hingegen fließt der Niederschlag in den dort noch recht jungen Neckar, der ihn in den Rhein bringt und damit in Richtung Nordsee entlässt.

》 Übrigens:

Die Quelle der Brigach liegt 40 Kilometer weiter nördlich im Schwarzwald. Sie entspringt auf dem Gelände eines Bauernhofs, bis zur ihrer Verlegung vor das Haus ursprünglich sogar einmal in dessen Keller.

Boote auf dem Rhein-Rhone-Kanal.

1 Sie treffen sich am Autobahndreieck Neuenburg.

2 Es ist Baden-Württemberg.

3 Auf dem östlichen Kartenteil ist der Schwarzwald zu sehen. Einen Hinweis darauf birgt der Namenszusatz des Ortes Münstertal.

4 Der französische Ausdruck für Tierpark ist parc zoologique. Einen solchen kann man in Mulhouse besuchen.

5 Dabei handelt es sich um das Vitra Design Museum, dessen Gebäude von dem amerikanischen Architekten Frank Gehry eindrucksvoll gestaltet wurde und in dessen umgebender Freifläche der niederländische Landschaftsarchitekt Piet Oudolf einen sehenswerten Garten angelegt hat.

6 Es ist der Katzenbergtunnel, durch den auch besonders viele Güterzüge rollen. Er gehört zum europäischen Schienenkorridor Rotterdam–Genua.

7 Er heißt EuroAirport Basel Mulhouse Freiburg und liegt nordwestlich von Basel.

8 Zu den beiden Relikten gehören eine Badruine bei Badenweiler, wo bereits die Römer die dortigen warmen Thermalquellen zu nutzen wussten, und eine Warte, also ein Wachturm, bei Rheinfelden.

9 Es ist eine erstaunlich große Spanne von 206 Metern in Flussnähe nördlich von Fessenheim bis 1414 Metern am Berg Belchen im Schwarzwald. Zieht man zudem in Betracht, dass östlich des Kartenausschnitts die Vogesen liegen, ebenfalls mit Höhen über 1400 Metern, und südlich die Alpen mit dem Höhenzug des Schweizer Jura, dann wird deutlich, dass sich das Oberrheingebiet in einer Art wannenförmigen Senke erstreckt. Man spricht hier auch von dem Oberrheingraben, weil sich dieses Gebiet seit über 50 Millionen Jahren durch eine tektonische Bruchzone tief im Untergrund in einer Absinkbewegung befindet.

Am Bodensee in Lindau

1 Mit dem Fährschiff geht's nach Rorschach.

2 Man kann nach Wasserburg fahren, neben (bzw. zwischen) Lindau und Nonnenhorn eine der drei bayerischen Bodensee-Gemeinden.

3 Auf der Karte findet man zehn weitere Bäder: Von Ost nach West: Strandbad Eichwald, Lindenhof, Wasserburg, Kressbronn, Langenargen, Eriskirch, Friedrichshafen, Frei- und Seebad Fischbach, Aquastaad sowie das Strandbad Hagnau.

4 Es sind fünf: Hengnau, Bettnau, Unterreitnau, Oberreitnau sowie Schönau. Die Orte sind heute nach Wasserburg bzw. Lindau eingemeindet.

5 Der Rhein – sein Name geht wahrscheinlich auf das Indogermanische zurück und bedeutet »fließen« – strömt bei Bregenz in den Bodensee und hat bei Stein am Rhein seinen Ablauf.

6 Der Pfänder, der Hausberg von Bregenz, bietet einen herrlichen Ausblick. Die Fahrt mit der Pfänderbergbahn dauert sechs Minuten. Alternativ geht man zu Fuß, wofür man von der Talstation bis auf den Gipfel etwa zwei Stunden benötigt.

7 Sie sind im Zeppelinmuseum in Friedrichshafen richtig, wo man in die weltweit umfangreichste Sammlung zu Geschichte und Technik der Luftschifffahrt eintauchen kann. Das Museum ist im ehemaligen Hafenbahnhof untergebracht, dem gewissermaßen historischen württembergischen Pendant zum Bahnhof Lindau.

8 Die Staatsgrenzen enden an den Uferlinien – eine recht außergewöhnliche Situation: Mit Ausnahme des sogenannten Konstanzer Trichters im Westteil des Sees existieren für den Bodensee keinerlei Grenzverträge zwischen den drei Anrainerstaaten. Die Seefläche ist, wenn man so will, internationales Gewässer – sie zählt weder zur Staatsfläche von Deutschland noch von Österreich oder von der Schweiz.

#Notizen

Entdecke #Deutschland

DAS LAND ERKUNDEN

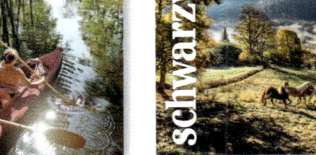

978-3-616-02015-0   973-3-616-02094-5   978-3-616-02026-6

STÄDTE ENTDECKEN

978-3-616-01010-6   978-3-615-01009-0   978-3-616-01084-7   978-3-616-01075-5

AB NACH DRAUSSEN!

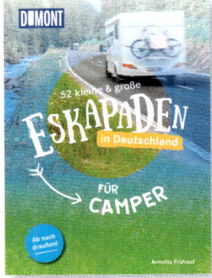
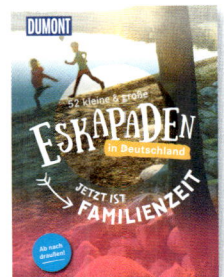

978-3-7701-8228-2   973-3-616-11020-2   978-3-7701-8234-3

#Impressum

KONZEPT & PROJEKTMANAGEMENT Monique Sorban

COVER-/BUCHGESTALTUNG & ILLUSTRATIONEN Carolin Weidemann, Köln, www.weidemann-design.com

LEKTORAT Meike Diekmann, Verlagsbüro Wais & Partner, Stuttgart, www.wais-und-partner.de

BILDREDAKTION Henriette Bürkle, Monique Sorban

FOTOS Michael Laufersweiler, Köln (S. 231 u.); Mauritius-Images Mittenwald/Oliver Borchert (S. 67); Nadine Ormo, München (S. 31, 155, 231 o.); DuMont Bildarchiv, Ostfildern: Christian Baeck (S. 83, 163, 215), DuMont Bildarchiv (S. 202), Ralf Freyer (S. 99, 207), Peter Frischmuth (S. 193), Peter Hirth (S. 103, 208, 211), Roland E. Jung (S. 47), Rainer Kiedrowski (S. 87, 179), Georg Knoll (S. 135, 139, 213, 216, 220), Thomas Linkel (S. 167, 224), Joerg Modrow (S. 171), Sabine Lubenow (S. 59, 194, 197), Olaf Meinhardt (S. 11, 184), Sylvia Pollex (S. 43), K.-H. Raach (S. 7), Johann Scheibner (S. 51, 55, 199), Arthur F. Selbach (S. 71, 131, 200), Ernst Wrba (S. 115, 143, 147, 159); Shutterstock.com, Amsterdam (NL): AKOMIX (S. 4/5), Art_Pictures (S. 95), Bruno Sommerfeld (S. 79), byvalet (S. 151), CL-Medien (S. 91), drsg98 (S. 119), foto-select (S. 27, 188), JeDo_Foto (S.19), Chris Hoff (S. 75), Robert Kuehne (S. 107), makasana photo (S. 190), Mummert-und-Ibold (S. 63), Oleksiy Mark (S. 35), Sean Pavone (S. 127), Y. Pieper (S. 218), pixelschoen (S. 15), Randy Pr (S. 39), Alexander Reuter (S. 123), slawjanek_fotografia (S. 205), SnapshotsEurope (S. 226), Werner Spremberg (S. 23), Bildagentur Zoonar GmbH (S. 175, 187); Wikimedia Commons CC BY-SA 4.0/Radler 59 (S. 111)

KARTOGRAFIE ©DuMont Reiseverlag Ostfildern; KOMPASS, Innsbruck (Titelseite, S. 4, 77, 81 und 97), DuMont Reisekartografie, Fürstenfeldbruck (alle anderen)

Printec in Poland
1. Auflage 2022
© 2022 DuMont Reiseverlag, Ostfildern
ISBN 978-3-616-03101-9

MIX
Papier aus verantwortungsvollen Quellen
FSC® C004592

NADINE ORMO

Schon im Heimatkundeunterricht begeisterte sich Nadine für Landkarten. Von ihrer Faszination in Karten zu schauen, ist bis heute nichts verloren gegangen. Vor allem während Bergwanderungen genießt sie es, abends die Papierkarte auf dem Tisch auszubreiten, um sodann mit Augen und Fingern Wegen und Flüssen zu folgen, Bergketten und Hochflächen in Gedanken weiter zu erkunden. Die Wahl-Münchnerin ist als Texterin und Autorin selbständig und hört beruflich wie privat gerne auf die leiseren Töne des Lebens.

MICHAEL LAUFERSWEILER

Ginge es darum, ein Buch auszuwählen, mit dem er eine längere Zeit auf einer einsamen Insel verbringen könnte, dann würde Michael Laufersweiler einen Weltatlas mitnehmen. Der gebürtige Rheinländer ist als freiberuflich tätiger Geograf schon viel auf der Welt herumgekommen und liebt es dabei gerade die Regionen zu erkunden, die nicht unbedingt auf den Top-10-Seiten aller Reiseführer gelistet sind. Michael mag weite Horizonte und so findet man ihn während seines Urlaubs meist in Orten am Meer oder auf Inseln im Meer.

» Kartografie-FAQ

WO IST AUF EINER KARTE »NORDEN«?

Das ist nicht verpflichtend festgelegt. In den meisten Fällen folgen die Kartenhersteller seit dem 19. Jahrhundert einer Tradition, dass Norden immer exakt am oberen Kartenrand ist. Weichen sie von dieser Tradition ab, kennzeichnen sie das mit einem »Nordpfeil«, sprich einem Pfeil auf der Karte, der exakt die Richtung nach Norden anzeigt.

RECHTS ODER LINKS?

Richtungen werden auf Karten grundsätzlich mit Nord, Süd, West oder Ost oder ihren weiteren Unterteilungen wie Südost oder Nordwest angegeben. Bei Flüssen spricht man allerdings oft vom rechten oder linken Ufer. Dazu ist festgelegt, immer in Fließrichtung des Flusses – also stromabwärts – zu schauen.

HINAUF ODER HINUNTER?

Gerne sagen Menschen aus Norddeutschland, dass sie »runter« in die Alpen fahren. Umgekehrt geht's aus dem Süden »rauf« an die Küste. In der Welt der Karten allerdings ist »aufwärts« und »abwärts« immer an entsprechende Höhenunterschiede gebunden. Demnach müsste man aus dem Norden Deutschlands in die Alpen »hinauf« bzw. aus dem Süden an die Küste »runter«.

GROSSER ODER KLEINER MASSSTAB?

Grundsätzlich gilt: Größerer Maßstab bedeutet größere Genauigkeit. Ist beispielsweise eine Wanderung auf einer Karte mit dem Maßstab 1:50 000 abgebildet, verläuft man sich eher, als wenn man dem Weg auf einer Karte mit dem Maßstab 1:25 000 folgt. Letztere hat eine größere Genauigkeit. Wer jetzt darüber nachgrübelt, dass aber die Zahl 25 000 doch gar nicht größer ist als 50 000, der muss sich den ganzen Maßstab anschauen. Im Grunde wird hier etwas geteilt, nämlich 1 durch 25 000. Das ergibt eine Zahl, die größer ist, als wenn man die 1 durch 50 000 teilt.